열공 혼자서 쉽게 배우는

일본어 첫걸음

KakaoTalk

MP3 다운

동인랑

머리말

일본어에 재미를 느끼게 된다면!
일본문화에 새로운 호기심이 생긴다면!

요즘 젊은이들... 특히 학생들은 일본이라는 단어에 전혀 불편함이 없다. 그만큼 생활하면서 친숙하게 접할 기회가 많아서이리라...
생각해보니 젊은이들에게는 인터넷, 게임, 애니메이션, 드라마, 영화, J-pop 등등 일본문화를 만나는 일은 너무 흔하게 되어버린 듯하다.
더불어 일본어라는 또 하나의 언어도 쑥쑥 입으로 내뱉는다!

이와는 달리 조금 더 나이가 있는 사람들은 살기 위해서 일본문화를 접하기 시작했다. 취직을하기 위해 또는 자신을 업그레이드하기 위해 서점에서 일본어책을 구입해 요즘의 젊은이들과는 반대로 일본어를 먼저 시작하고 그러면서 조금씩 조금씩 일본에 더 관심을 가졌다.

이 밖에도, 자유여행이 시작되며 일본여행을 위해 일본어에 호기심을 갖는 사람 등등 여러 가지 이유로일본은 점점 우리에게 가까이 다가왔다. 여기에 글로벌시대를 맞이하여 영어이외의 제 2외국어가 선택이 아닌 필수요소가 되면서 일본어는 세계화에 적합한 언어로써의 지위를 획득하기도 했다.

이런저런 많은 이유들로 일본어교재는 많아지고 나도 그 중에 한 권을 선택해 일본어를 시작했었다.그 때에는 문법위주의 일본어 교재가 많았고 문법을 완벽히 끝내야만 일본어회화를 잘 하게 되는 줄 알았다. 워낙에 그런 책들이 대부분이었으니.... 그게 옳다 생각한 것이다.
하지만 그 방법은 일본어 학습의 단편적인 방법 중의 하나임을 그 한참 후에야 알게 되었다.
'좀 더 재미있고 좀 더 쉽게 일본어 회화를 할 수 있는데...' 하는 마음으로 쓰기 시작한 **열공 일본어 첫걸음** 은 이해하기 어렵고 지루한 문법은 최소화하고, 일본어회화에 꼭 필요한 문법 만을 설명하며 무조건 간단하게.. 쉽게.. 재미있게 만들자고 마음먹고 이 책을 썼다.
여러분들도 이책으로 일본어에 재미를 느끼게 된다면.. 일본문화에 새로운 호기심이 생긴다면 여러분은 일본어에 벌써 첫발을 내딛게 된 것이다.

저자 김인숙

차례

머리말 3 | 차례 4 | 이책의 구성과 활용

Part 1
오늘의 일본어

오늘의 일본어 10
일본어의 문자 11
일본어의 발음 12
일본어란? 일본어의 **특징** 16

Part 2
기본문장

기본문장 1 24
기본문장 2 27
기본문장 3 28
기본문장 4
기본문장 5
일본에서 쓰는 숫자

Part 3
본문

1. 나리타 공항	あそこは 何(なん)ですか。	저기는 어디입니까?	38
2. 공항라운지	はじめまして。	처음 뵙겠습니다.	46
3. 역내	切符(きっぷ)は どこで 買(か)いますか。	표는 어디에서 삽니까?	58
4. 편의점	お弁当(べんとう)は いくらですか。	도시락은 얼마입니까?	66
5. 서점	辞書(じしょ)は どこに ありますか。	사전은 어디에 있습니까?	76
6. 전자상가	もっと 安(やす)い ものは ありませんか。	더 싼것은 없습니까?	84
7. 우체국	何日(なんにち)ぐらい かかりますか。	며칠 정도 걸립니까?	92
8. 영화관	どんな スポーツが 好(す)きですか。	어떤 스포츠를 좋아합니까?	100
9. 택시	新宿(しんじゅく)まで お願(ねが)いします。	신주쿠까지 가 주세요.	110

10. 여행사	旅行(りょこう)を　する　つもりなんですが。	여행을 할 예정입니다만.	118
11. 쇼핑	いくらですか。	얼마입니까?	130
12. 식당	これは　どう　やって　食(た)べるんですか。	이것은 어떻게 먹습니까?	140
13. 부동산	アパートを　探(さが)して　いるんですけど。	아파트를 찾고 있습니다만.	148
14. 전화	もしもし、山本(やまもと)です。	여보세요! 야마모토입니다.	158
15. 지하철	どこで　乗(の)り換(か)えますか。	어디에서 갈아탑니까?	166
16. 은행	新(あたら)しく　口座(こうざ)を　開(ひら)きたいんですが。	새로 계좌를 만들고 싶습니다.	176
17. 맥도날드	チーズバーガーと　ポテトと　コーラを　ください。	치즈버거와 포테이토, 콜라 주세요.	184
18. 약국	どんな　具合(ぐあい)ですか。	어디가 아프십니까?	192
19. 호텔	チェックイン　できますか。	체크인 할 수 있습니까?	202

동사활용표	210
い형용사·な형용사 활용궤	212
경어의 종류	213
중요외래어	214

이 책의 구성과 활용

Part 1 · 2 _ 일본어 예습하기

일본어의 발음 오십음도

일본어 문자부터 쉽게 시작할 수 있도록, 가나쓰기본을 부록으로 따로 실었다. 여기서는 가장 기본적인 오십음도와 문자를 원어민 발음을 들으며 차근차근 시작하도록 한다.

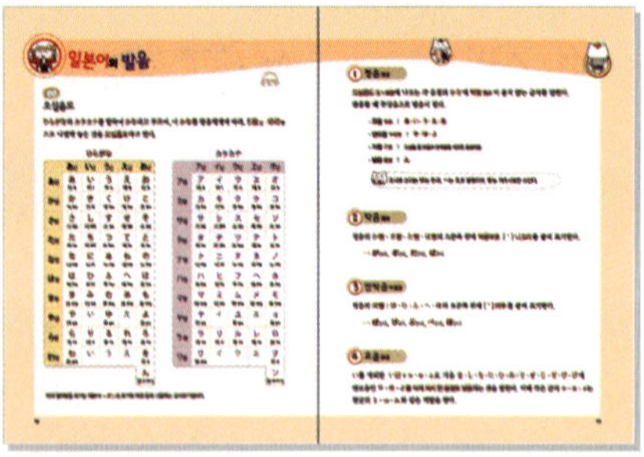

기초 다지기

본문에 들어가기에 앞서 일본어의 가장 기본이 되는 문장을 엄선하여 미리 일본어의 분위기를 파악할 수 있도록 하였다. 이 곳에서 기본적인 일본어를 익히고 본문에 들어가면 훨씬 쉽고 재미있게 일본어를 마스터 할 수 있다.

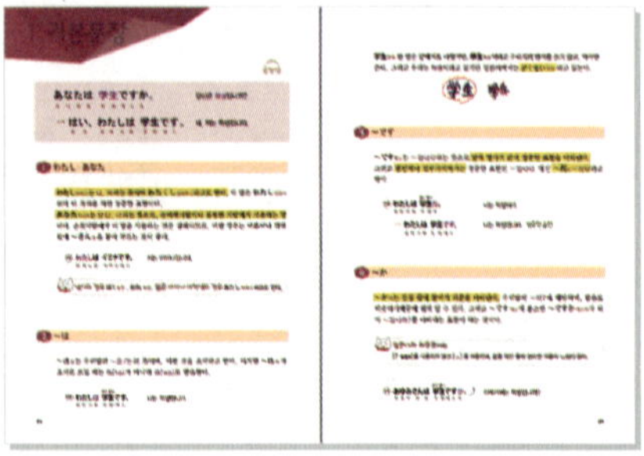

Part 3 _ 본문

일본에서 사용하는 아주 쉬운 회화

일본인과의 대화에서 꼭 필요한 문장들을 상황별로 나누어 회화를 구성하였다.

일본에 도착하면서부터 현지에서 생활하는데 꼭 필요한 대화들을 현재 구어체에 맞추어 학습할 수 있다.

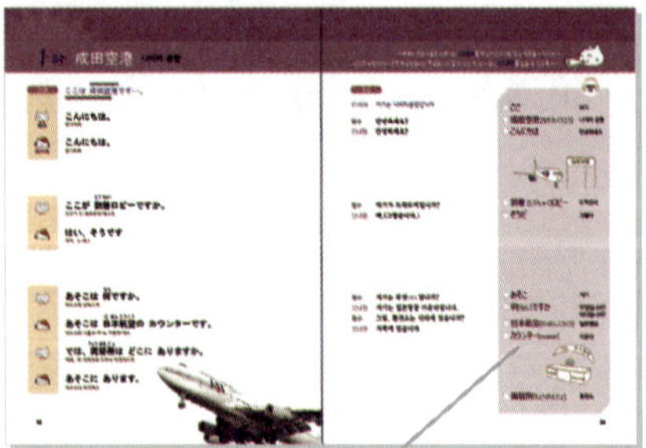

단어

본문대화문 학습 전에 단어들을 미리 공부할수 있도록 본문 옆에 문단별로 정리해서 원어민 발음을 들으며 따라할 수 있다.

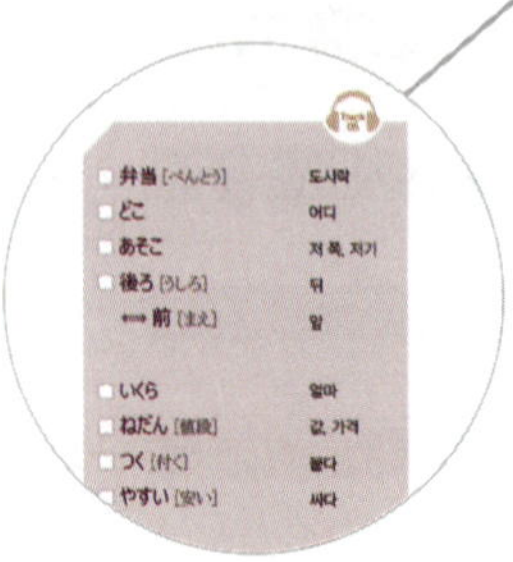

ポイント Point 아주 쉬운 해설과 활용

가능한 한 군더더기 없이 간단히 설명하였으며, 포인트부분은 재미있고 이해하기 쉽도록 그림으로 나타내었다.
또한 꼭 알아야할 문법사항은 따로 자세하게 설명하여, 회화를 하는데 필요한 기본적인 문법사항은 부족함이 없도록 구성하였다.

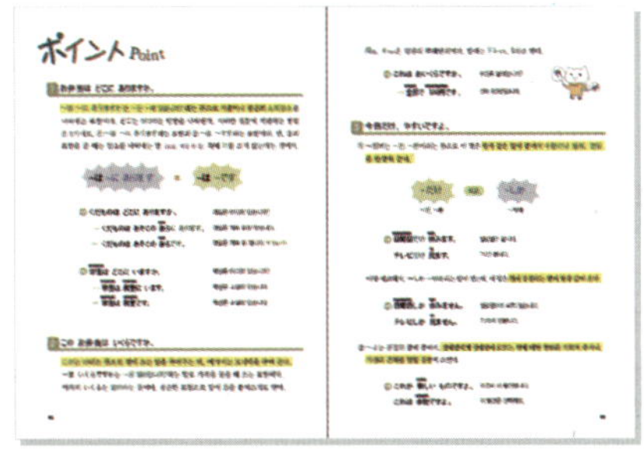

문형연습

일본어를 학습하는 이유는 말을 하고 상대방과 대화를 나누기 위함이다. 일본인이 직접 녹음한 발음을 듣고 따라하면서 회화연습을 할 수 있도록 하였다.
특히 중요문형을 골라 단어만을 바꿔가며 패턴연습을 하도록 하였다. 저절로 입에 달라붙도록 듣고 따라하자.

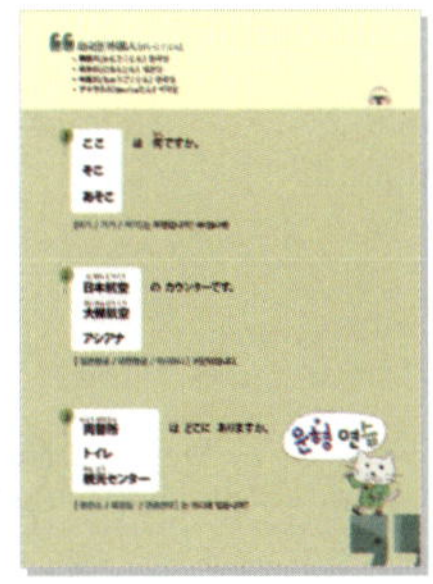

今の 日本

알아야할 중요한 문장 + 일본문화

각 과별로 상황에 따라 현지에서 자주 사용하는 문장들을 따로 실었다.
또한, 언어를 잘 하려면 그 나라의 문화를 잘 알아야만 한다. 재미있게 읽어가며, 우리와 다른 일본의 문화를 즐겨보도록 하자.

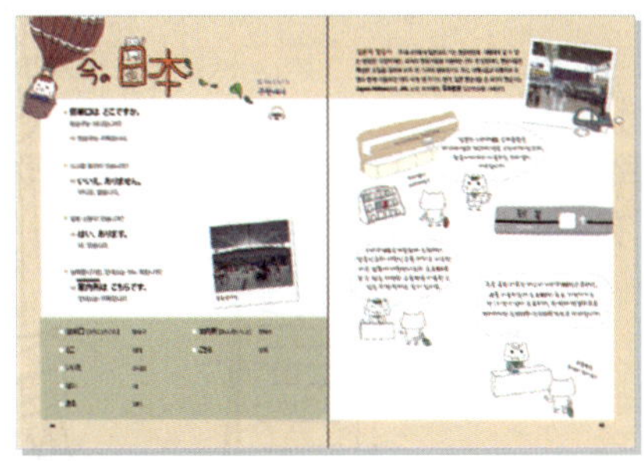

가나쓰기본

일본어 문자부터 쉽게 시작할 수 있도록, 가나쓰기본을 부록으로 따로 실었다.
재미있는 그림과 함께 쉽게 히라가나를 연상할 수 있도록 하였으며, 원어민의 발음을 직접 들으면서 글자연습을 할 수 있도록 하였다.

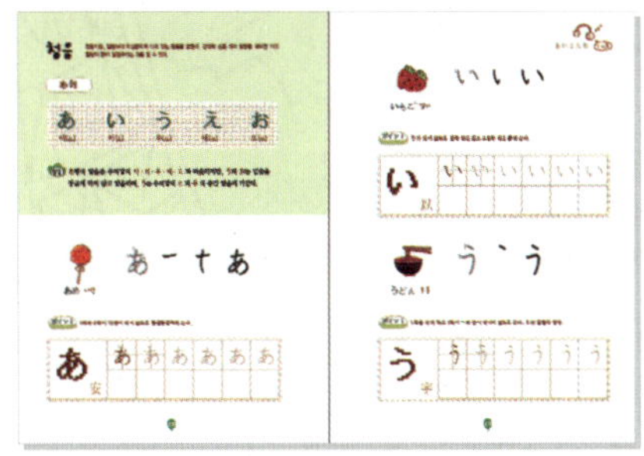

Part 1

오늘의 일본어

오늘날의 일본어와 일본어의 특징에 대해 알아보고 오십음도와 발음을 익히는 코너이다.
우리말의 발음과 어떻게 다른지 주의해서 연습해 보도록 하자.

열공! 일본어 첫걸음

오늘의 일본어

구어口語와 문어文語

구어란, 이 책에 수록된 단어와 문장으로 **현재 일본에서 사용되고 있는 말**을 말하며, 문장이 간략하고 이해하기 쉽다.

문어는 일본에서 예로부터 내려오는 **문장체**文章体를 말하며, 현재는 사용하지 않는 언어이다. 현재와 문법도 다르고 어려운 한자로 쓰여 있다.

공통어

일본어도 지역적, 신분간의 특색 있는 사투리가 있는데 **표준어**란, **현재 도쿄**東京 **에서 중류 지식층이 사용하는 언어**를 말한다.

문법

일본어는 말의 순서가 우리말과 비슷하여 다른 외국어보다 배우기 쉽다. 또한, 우리말과 같이 각각 하나의 음으로 이루어진 **표음문자** 表音文字 이며 단어에 남성·여성의 구별이 없고, 단수·복수의 관념이 뚜렷하지 않으며, **경어법** 敬語法 과 한자를 많이 사용한다.

특징

일본어의 구조는 **자음** 子音 이 **모음** 母音 앞에 붙어서만 발음이 되며, 자음이 받침으로 사용되지 않고 ん만 모음 뒤에 와서 받침의 역할을 한다.

일본어의 액센트는 지방마다 특색이 있으나, 액센트가 틀려서 문장을 이해하지 못하는 경우가 별로 없으므로 초보자는 그다지 신경을 쓸 필요가 없다.

일본어의 문자

일본어를 쓸 때 사용하는 문자는 **ひらがな**히라가나 · **カタカナ**가타카나 와 **漢字**한자의 세 종류가 있다. **ひらがな** 와 **カタカナ**는 일본 고유의 문자이며 이들 두 문자를 보통 **かな**가나 라고 한다.

히라가나 ひらがな

安 ······▸ あ

ひらがな는 한자의 까다로운 획수를 생략하여 간단하고 부드럽게 흘림체로 만든 것이다. 오늘날에는 모든 문장, 인쇄, 필기 등에 고루 쓰이고 있다.

가타카나 カタカナ

加 ······▸ カ

カタカナ는 한자의 일부분을 따거나 한자의 획을 간단히 한 문자이다. 오늘날에는 외래어 · 인명 · 지명 · 의성어 · 의태어 등과 문장을 강조할 때 쓰이고 있다.

한자 漢字

한자는 우리나라를 거쳐 일본으로 전래되었고, 일본에서는 소학교초등학교 과정에서 교육한 자를 포함하여 996 字를, 중학교 과정에서는 949 字를 합해서 모두 1945 字를 상용한자로 지정하여 1981년부터 가르치고 있다. 일본의 한자는 우리의 한자와 대부분 그 뜻과 쓰는 법이 같으나, 속자에서 비롯된 **신자체** 新字体를 고안하여 배우기 쉽고 쓰기 쉽도록 하였다.

예 우리의 한자 正字體 : 體, 學, 會, 國, 讀
일본의 한자 新字体 : 体, 学, 会, 国, 読

한자의 읽기는 **음독** 音読 한자를 일본화한 음으로 읽는 방법과 **훈독** 訓読 한자의 뜻으로 새겨서 읽는 방법이 있다.

예 体 ┌ たい 음독 한자를 일본화한 음으로 읽는 방법
└ からだ 훈독 한자의 뜻으로 새겨서 읽는 방법

일본어의 발음

Track 01

오십음도

ひらがな와 **カタカナ**를 합하여 **かな**라고 부르며, 이 **かな**를 발음체세에 따라, **5段**단 · **10行**행으로 나열해 놓은 것을 **오십음도**라고 한다.

ひらがな

	あ단	い단	う단	え단	お단
あ행	あ 아 a	い 이 i	う 우 u	え 에 e	お 오 o
か행	か 카 ka	き 키 ki	く 쿠 ku	け 케 ke	こ 코 ko
さ행	さ 사 sa	し 시 shi	す 스 su	せ 세 se	そ 소 so
た행	た 타 ta	ち 치 chi	つ 츠 tsu	て 테 te	と 토 to
な행	な 나 na	に 니 ni	ぬ 누 nu	ね 네 ne	の 노 no
は행	は 하 ha	ひ 히 hi	ふ 후 fu	へ 헤 he	ほ 호 ho
ま행	ま 마 ma	み 미 mi	む 무 mu	め 메 me	も 모 mo
や행	や 야 ya	い	ゆ 유 yu	え	よ 요 yo
ら행	ら 라 ra	り 리 ri	る 루 ru	れ 레 re	ろ 로 ro
わ행	わ 와 wa	い	う	え	を 오 o
					ん 응 n·m·ŋ

カタカナ

	ア단	イ단	ウ단	エ단	オ단
ア행	ア 아 a	イ 이 i	ウ 우 u	エ 에 e	オ 오 o
カ행	カ 카 ka	キ 키 ki	ク 쿠 ku	ケ 케 ke	コ 코 ko
サ행	サ 사 sa	シ 시 shi	ス 스 su	セ 세 se	ソ 소 so
タ행	タ 타 ta	チ 치 chi	ツ 츠 tsu	テ 테 te	ト 토 to
ナ행	ナ 나 na	ニ 니 ni	ヌ 누 nu	ネ 네 ne	ノ 노 no
ハ행	ハ 하 ha	ヒ 히 hi	フ 후 fu	ヘ 헤 he	ホ 호 ho
マ행	マ 마 ma	ミ 미 mi	ム 무 mu	メ 메 me	モ 모 mo
ヤ행	ヤ 야 ya	イ	ユ 유 yu	エ	ヨ 요 yo
ラ행	ラ 라 ra	リ 리 ri	ル 루 ru	レ 레 re	ロ 로 ro
ワ행	ワ 와 wa	イ	ウ	エ	ヲ 오 o
					ン 응 n·m·ŋ

위의 영어발음 표기는 헤본식 ヘボン式 표기로 여권 등에 사용하는 공식표기법이다.

1 청음 清音

오십음도 五十音図에 나오는 각 음절의 **かな**에 **탁점 濁点** 이 붙지 않는 글자를 말한다. 발음할 때 무성음으로 발음이 된다.

- **모음 母音** : あ·い·う·え·お
- **반모음 半母音** : や·ゆ·よ
- **자음 子音** : 오십음 중 모음과 반모음을 제외한 음절모음
- **발음 撥音** : ん

조사로 쓰이는 **は**는 **わ**[wa]로, **へ**는 **え**[e]로 발음하며, **を**[o]는 격조사로만 쓰인다.

2 탁음 濁音

청음의 **か**행 · **さ**행 · **た**행 · **は**행의 오른쪽 위에 **탁음부호 [ﾞ] 니고리**를 붙여 표기한다.

····› **が**[ga], **ざ**[za], **だ**[da], **ば**[ba]

3 반탁음 半濁音

청음의 **は**행 : **は · ひ · ふ · へ · ほ**의 오른쪽 위에 **[ﾟ] 마루**를 붙여 표기한다.

····› **ぱ**[pa], **ぴ**[pi], **ぷ**[pu], **ぺ**[pe], **ぽ**[po]

4 요음 拗音

い를 제외한 **い단+ゃ · ゅ · ょ**로 자음 **き · し · ち · に · ひ · み · り · ぎ · じ · ぢ · び · ぴ**에 반모음인 **や · ゆ · よ를 작게 써서 한 음절로 발음**되는 것을 말한다. 이때 작은 글자 **ゃ · ゅ · ょ**는 한글의 **ㅑ · ㅠ · ㅛ**와 같은 역할을 한다.

5 발음 撥音

ん은 다른 글자 밑에서 받침으로 쓰이는데, 우리말의 받침과 다르게 그 다음에 오는 음에 따라 ㄴ · ㅁ · ㅇ으로 각각 다르게 발음된다.

- [ㄴ]으로 발음할 경우 さ·ざ·た·だ·な·ら 행의 앞에 올 때는 우리말의 받침 ㄴ으로 발음한다.

  예 こんにちは (곤 니 찌 와) 안녕하세요?

- [ㅁ]으로 발음할 경우 ま·ば·ぱ 행의 앞에 올 때는 우리말의 받침 ㅁ으로 발음한다.

  예 新聞 [しんぶん] (심 붕) 신문

- [ㅇ]으로 발음할 경우 あ·か·が·や·わ 행의 앞에 올 때나 ん으로 끝났을 때는 우리말의 ㅇ으로 발음한다.

  예 人間 [にんげん] (닝 겡) 인간 日本 [にほん] (니 홍) 일본

ん의 발음은 다음 발음의 영향을 받아서 변하므로 어느 정도 일본어에 익숙해지면 자연스럽게 발음할 수 있다

6 촉음 促音

つ자의 작은 글자로 다른 글자 밑에서 받침으로 사용되는데, 다음에 오는 글자의 영향을 받아 ㄱ · ㄷ · ㅂ · ㅅ 받침으로 자연스럽게 발음이 변한다.

- [ㄱ]으로 발음할 경우 : か 행의 앞 — 예 学校 [がっこう] (각 꼬-) 학교
- [ㄷ]으로 발음할 경우 : た 행의 앞 — 예 切手 [きって] (긷 떼) 우표
- [ㅂ]으로 발음할 경우 : ぱ 행의 앞 — 예 切符 [きっぷ] (깁 뿌) 차표
- [ㅅ]으로 발음할 경우 : さ 행의 앞 — 예 雑誌 [ざっし] (잣 시) 잡지

7 장음 長音

발음을 길게 하는 것을 장음이라고 하며, 모음인 **あ・い・う・え・お**를 덧붙여서 쓴다. **あ**단 뒤에 **あ**를, **い**단 뒤에 **い**를, **う**단 뒤에 **う**를, **え**단에는 **い/え**를, **お**단에는 **う/お**를 붙인다. 외래어 **カタカナ**의 장음표기는 [ー]부호만으로 나타낸다. 장음도 하나의 독립된 음절이다.

8 외래어

외래어는 **カタカナ**로 표기한다. 일본어 속의 외래어는 발음에 관한 한, 원음을 알고 있더라도 **외래어의 カタカナ표기**로 따로 익히지 않으면 안 될 경우가 많다.

- **장음은 [ー]로 나타낸다.**

  예 インターネット [internet] 인터넷 (인 타- 넷 토)　　カード [card] 카드 (카- 도)

- **[f]음은 ファ・フィ・フ・フェ・フォ로 표기한다.**

  예 フランス [France] 프랑스 (후 란 스)　　フォーク [fork] 포크 (훠- 크)

- **[v]음은 [バ] 행으로 쓴다. ヴァ・ヴィ・ヴェ・ヴォ로 표현하는 경우도 있다.**

  예 バイオリン [violin] 바이올린 (바 이 오 린)　　バター [butter] 버터 (바 타-)

일본어란? 일본어의 특징

1 때에 따라 다른 인사말

おはよう ございます(오 하 요~ 고 자 이 마 스)는 아침 인사말로, **안녕하세요**라는 뜻이다. 아침 출근이나 등교시에 사용한다. 친한 사람들끼리는 뒤의 말을 생략하고 **おはよう**(오 하 요~)라고도 한다.

점심 인사말은 **こんにちは**(곤 니 찌 와)로 원래 **오늘은**이라는 뜻으로, 뒤에 **어떻습니까?**라는 말이 생략된 것이다. 저녁 인사말은 **こんばんは**(곰 방 와)이다.

は의 2가지 읽는 법!

おはよう ございます(오 하 요~ 고 자 이 마 스)나 글씨연습에서의 **は**는 [하 ha]로 읽는다.

그러나 **こんにちは**(곤 니 찌 와)나 **こんばんは**(곰 방 와)에서와 같이 조사로 쓰일 때는 [와 wa]로 읽는다.

2 일본인의 성 姓

あべ는 일본인의 성으로, 일본인은 보통 이름을 부르지
아 베
않고 성을 부른다. 그리고, 뒤에 ~さん을 붙여서
상
~씨, 님의 뜻을 나타내곤 한다.
즉, ~さん은 사람의 성·이름·직업·직책 등에 붙어
상
서 상대방에 대한 존경이나 경의의 뜻을 나타낸다.
김씨, 이씨와 같은
일본인의 성姓이란?
아베~
あべ

きのくに屋
たなか
田中さん、こんにちは。
다나까 상 곤 니 찌 와
다나까씨, 안녕하세요.
かちょう
課長さん、こんにちは。
가 쬬-상 곤 니 찌 와
과장님, 안녕하세요.
회사 땡땡이 중;;;

일본인의 이름과 성을 합하면, 주로 4글자이다.
우리나라와 마찬가지로 한문을 이용하는데
주로 성이 2글자, 이름이 2글자이다.
우리 나라가 주로 성이 1글자인 것과 다르다.

일본에서 전화를 걸 때는 우리나라처럼 **[아베씨 바꿔주세요]**라고 하면, 그 집 가족이 모두 **[아베]**이므로 누구를 찾느냐고 다시 한 번 물어 온다.

이럴땐 이름을 말해야 하는데, 평상시에 이름을 잘 안 부르고 성만 부르던 사람은 이름이 잘 생각이 안 나 황당할 때가 있다.
결국 이럴 때는 **[~에서 일하는 아베씨 좀 바꿔주세요]** 라고 한다.

3 띄어쓰기가 없다

그러나 일본의 소학교초등학교 학생들이나 외국인들의 교재에서는 알아보고 이해하기 쉬우라고 띄어쓰기를 한다. 여러분들도 일본어를 배우는 학습자들이므로 본 책에서는 띄어쓰기를 했다.

4 쉼표〔、〕와 마침표〔。〕

일본어의 쉼표나 마침표는 우리나라와 달라서 쉼표는 [、], 마침표는 [。] 이다. 지금껏, 그 차이를 몰랐다면, 자세히 이 책을 살펴보자. 이제 그 차이를 알 수 있을 것이다.

5 일본어의 어순은 우리나라와 같다

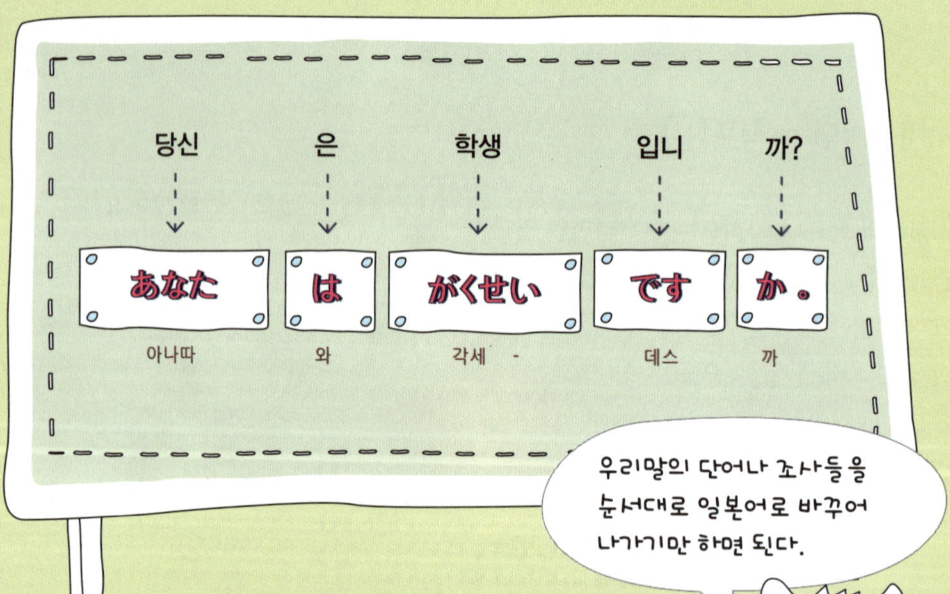

의문문의 경우에도 영어는 물어보는 조동사가 맨 앞에 나오기도 하지만, 우리말이나 일본어는 맨뒤에 의문조사 **~か**까 를 붙여 주기만 하면 된다.

6 같은 한자 문화권이다

이미 알고 있는 한자漢子를 일본어로 어떻게 읽느냐만 공부하면 된다. 같은 한자 문화권이기 때문에 한자를 따로 공부할 필요가 없다.

일본인은 한자의 약자를 많이 사용한다. 약자만 사용하고 원래의 글자는 사용하지 않으므로 이런 한자는 나올 때마다 체크해 두도록 하자.

예 우리나라에서 [국]을 쓸 때 韓國 → [國]이라는 글자를 사용
일본에서 [국]을 쓸 때 韓国 → [国]이라는 글자를 사용
※國은 사용 안함.

같은 한자라고 해도 우리말은 대개 한 가지로만 읽지만, 일본어의 발음은

① **음으로읽는 경우**
② **훈으로 읽는 경우**
③ **음과 훈을 섞어서 읽는 경우** 등이 있다.

年 해 년
훈독 とし
음독 ねん

お年玉（としだま） 세배 돈
오 또시 다마

今年（ことし）は 何年（なんねん）ですか。 올해는 몇 년입니까?
고또시 와 난 넨 데 스 까
今年 → 훈독, 何年 → 음독

Part 2

기본문장

이제부터는 아주 쉬운 일본어의 기본문장을 공부하겠다. 이 기본문장들은 달달 외워서 머리 속에 꼭 넣어두자. 일본어는 어순이 우리말과 유사하므로, 단어만 바꿔서 말하면 한 문장 외운 것이 10문장, 20문장이 될 수 있다.

열공! 일본어 첫걸음

1. 기본문장

Track 01

あなたは 学生ですか。 당신은 학생입니까?
아 나 따 와 각 세- 데 스 까

→ はい、わたしは 学生です。 네, 저는 학생입니다.
하 이 와 따 시 와 각 세- 데 스

1 わたし · あなた

わたし와따시는 나, 저라는 뜻이며 わたくし와따꾸시라고도 한다. 이 말은 わたし와따시보다 더 격식을 차린 정중한 표현이다.
あなた아나따는 당신, 너라는 뜻으로, 손아랫사람이나 동등한 사람에게 사용하는 말이다. 손윗사람에게 이 말을 사용하는 것은 실례이므로, 이럴 경우는 이름이나 직책 뒤에 ~さん상을 붙여 부르는 것이 좋다.

예 わたしは イミナです。 저는 이미나입니다.
와 따 시 와 이 미 나 데 스

남자의 경우 ぼく보꾸, おれ오레, 젊은 여자나 여학생의 경우 あたし아따시라고도 한다.

2 ~は

~は와는 우리말의 ~은/는의 뜻이며, 이런 것을 조사라고 한다. 이처럼 ~は와가 조사로 쓰일 때는 하[ha]가 아니라 와[wa]로 발음한다.

예 わたしは 学生(がくせい)です。 나는 학생입니다.
와 따 시 와 각 세- 데 스

学生각세-란 말은 앞에서도 나왔지만, 學生학생이라고 우리식의 한자를 쓰지 않고, 약자만 쓴다. 그리고 우리는 학생이라고 읽지만 일본어에서는 がくせい각세-라고 읽는다.

3 ～です

～です데스는 ～입니다라는 뜻으로 앞에 명사가 와서 정중한 표현을 나타낸다. 그리고 동년배나 친구사이에서는 정중한 표현인 ～입니다 대신 ～だ다～이다라고 한다.

예) わたしは 学生(がくせい)だ。 나는 학생이다.
와 따 시 와 각 세- 다

····› わたしは 学生です。 나는 학생입니다. 정중한 표현
와 따 시 와 각 세- 데 스

4 ～か

～か까는 문장 끝에 붙어서 의문을 나타낸다. 우리말의 ～까?에 해당하며, 발음도 비슷하기때문에 쉽게 알 수 있다. 그리고 ～です 데스에 붙으면 ～ですか 데스까가 되어 ～입니까?를 나타내는 표현이 되는 것이다.

> 일본어의 의문문에는
> [? 물음표]를 사용하지 않고 [。] 를 사용하며, 끝을 약간 올려 읽으면 의문의 느낌이 든다.

예) あゆみさんは 学生(がくせい)ですか。↗ 아유미씨는 학생입니까?
아 유 미 상 와 각 세-데 스 까

5 はい · いいえ

はい 하이는 **예**의 뜻으로, 긍정의 대답을 뜻한다. 부정의 대답은 いいえ이-에 **아니오**이며, 가까운 사이에서는 줄여서 いえ 이에 라고도 한다.

긍정 はい 예 하 이	부정 いいえ 아니오 이 - 에

예 きむら君(くん)は 学生(がくせい)ですか。 기무라군은 학생입니까?
기 무 라 꿍 와 각 세-데 스 까

…▸ **はい**、わたしは 学生(がくせい)です。 네, 저는 학생입니다.
하 이 와 따 시 와 각 세-데 스

…▸ **いいえ**、わたしは 学生(がくせい)では ありません。 아니오, 저는 학생이 아닙니다.
이- 에 와 따 시 와 각 세-데 와 아 리 마 셍

6 ～では ありません = ～じゃ ありません

그럼 **아니오, 나는 학생이 아닙니다**는 어떻게 할까? 앞에서부터 순서대로 우리말을 일본어로 바꾸어 나가기만 하면 되며, **~이 아닙니다**는 ～では ありません 데와 아리마셍이라고 한다. 다시 말해, ～です 데스의 부정은 ～では ありません 데와 아리마셍이며, 주로 いいえ와 함께 쓰인다.

いいえ、	わたしは	学生(がくせい)	では	ありません。
이 - 에	와 따 시 와	각 세-	데 와	아 리 마 셍
아니오,	나는	학생	이 아닙니다.	

예 いいえ、わたしは がくせい**じゃ ありません**。 아니오, 나는 학생이 아닙니다.
이 - 에 와 따 시 와 각 세- 쟈- 아 리 마 셍

2. 기본문장

Track 01

あなたも 学生ですか。 당신도 학생입니까?
아 나 따 모 각 세- 데 스 까

…→ はい、そうです。 네, 그렇습니다.
하 이 소- 데 스

1 ~も

~も모 는 ~도라는 뜻으로 같은 종류의 것을 나타낸다.

예 わたしも 学生です。 나도 학생입니다.
와 따 시 모 각 세-데 스

2 はい、そうです。

そうです 소-데스는 **그렇습니다**라는 뜻으로, 상대방이 물어본 것에 대해서 긍정할 때 대답하는 말이다. 즉, **나도 학생입니다**라는 말을 생략하고 이 말 한마디로 표현하는 것이다. 일본어에서는 이렇게 생략하고 말 한마디로 표현하는 경우가 많으므로 잘 알아 두자.

いいえ、そうでは ありません。이-에, 소-데와 아리마셍 = そうじゃ ありません。소-쟈 - 아리마셍 **그렇지 않습니다**이다.

예 あなたは 先生(せんせい)ですか。 당신은 선생님입니까?
아 나 따 와 센- 세- 데 스 까

…→ いいえ、そうでは ありません。 아니오, 그렇지 않습니다.
이- 에 소- 데 와 아 리 마 셍

3. 기본문장

Track 01

ここに にほんごの ほんが あります。
고 꼬 니 니 홍 고 노 홍 가 아 리 마 스
여기에 일본어 책이 있습니다.

1 ~に

ここ 고꼬는 **여기**라는 뜻으로 장소를 나타내는 말이다. ~に 니는 **~에**라는 뜻으로 장소를 나타내는 말과 함께 쓰이는 조사이다. 이 두말이 합쳐져서 **여기에**라는 뜻이 된다. 주의할 것은 우리말에서는 여기라는 표현으로 조사 **~에**를 생략하는 경우가 많은데, 일본어에서는 ~に 니를 생략하지 않는다. 일본어가 우리말과 비슷하긴 하지만, 이런 차이점은 잘 알아두어야 올바른 일본어를 할 수 있다.

예 そこに 本(ほん)が ありますか。 거기에 책이 있습니까?
소 꼬니 홍 가 아 리 마 스 까

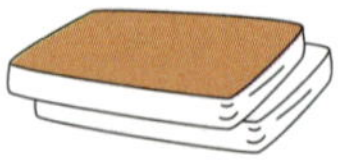

··· ここに あります。 (O) 여기(에) 있습니다.
고 꼬 니 아 리 마 스

ここ あります。 (X)
고 꼬 아 리 마 스

2 ~の

~の 노는 **~의**라는 뜻으로 명사와 명사사이에 넣어 주는 조사이다. 우리말에서는 이 말을 주로 생략하지만 일본어에서는 특수한 단어를 제외하고는 반드시 の 노를 넣어 주어야 한다.

주의!
우리말로 해석을 할 때는 오히려 어색한 경우가 많으므로, 해석을 꼭 할 필요는 없다.

명사 + の + 명사

예) にほんご + の + ほん 일본어 책　　おとこ + の + ひと 남자
니 홍 고 노 홍　　오 또 꼬 노 히또

3 ～が

～が 가는 우리말의 ～이/가 의 뜻으로 주격조사이다. ～は 와 ～은/는과 구별해서 외어 두자.

예) わたしが 金です。 내가 김입니다.
와 따 시 가 김 데 스

4 あります · ありません

あります 아리마스는 있습니다의 뜻으로, ある 아루 있다의 정중한 표현이다. 즉, ある 아루에 ～ます 마스가 붙어서 あります 아리마스가 된 것이다. 이것은 사물이나 식물 등 스스로 움직일 수 없는 것의 존재를 나타낸다.

る➡り
ある + ～ます = あ(り)ます
아 루　마 스　아 리 마 스

예) ここに かばんが あります。 여기에 가방이 있습니다.
고 꼬 니 가 방 가 아 리 마 스

ここには はなが ありません。 여기에는 꽃이 없습니다.
고 꼬 니 와 하 나 가 아 리 마 셍

주의!
부정표현은 **ありません** 아리마셍 **없습니다**로 ~では ありません ~데와 아리마셍 **~이 아닙니다**와 혼동하지 않도록 주의해야 한다.

4. 기본문장

Track 01

へやに おとこの ひとが います。
헤 야 니 오 또 꼬 노 히 또 가 이 마 스
방에 남자가 있습니다.

1 ひと

へや헤야는 **방**이라는 뜻으로 한자로는 **部屋**(へや)라고 쓴다. おとこの ひと오또꼬노 히또는 **남자**라는 뜻으로 **男の 人**(おとこ ひと)라고 쓴다. 남자, 여자라고 해서 **男**, **女**(おとこ おんな)라고만 쓰는 경우가 있는데, 이것은 **사내**, **계집**이라는 어감이 있어서, 예의에 어긋나는 경우가 많으므로 주의하는 것이 좋다.

그리고 ひと히또라는 말 대신에 かた가따를, だれ다레라는 말 대신에 どなた도나따라는 말을 쓰면 존경의 의미를 나타낼 수 있는데, 이와 같이 일본어에는 말 자체에 존경의 뜻을 가진 단어가 많이 있다.

보통어	존경어
ひと 히또 사람	かた 가따 분
だれ 다레 누구	どなた 도나따 어느 분

예 あの おんなの **ひと**は **だれ**ですか。 저 여자는 누구입니까?
아 노 온 나 노 히 또 와 다 레 데 스 까

あの おんなの **かた**は **どなた**ですか。 저 여자 분은 누구십니까? **정중한 표현**
아 노 온 나 노 가 따 와 도 나 따 데 스 까

2 います・いません

います 이마스는 **있습니다**의 뜻으로 いる 이루 **있다**의 정중한 표현이다. 단, **있습니다**라는 표현은 앞에서 배운 あります 아리마스 p 29 참조도 있는데, 이 말도 **있습니다**와 뜻은 같지만 사용하는 방법이 다르다. います 이마스는 사람이나 동물 등 스스로 움직일 수 있는 것의 존재를 나타낼 때 쓰인다.

いる 이루	+	～ます 마스	=	(い)ます 이마스

예) 田中(たなか)さんが　へやに　います。　다나까씨가 방에 있습니다.
다나까상 가　헤야니　이마스

犬(いぬ)は　いますが、猫(ねこ)は　いません。　개는 있습니다만, 고양이는 없습니다.
이누와　이마스가　네꼬와　이마셍

주의!
부정표현은 **いません** 이마셍 **없습니다**이다. **ありません** 아리마셍과 비교해서 알아두자.

5. 기본문장

Track 01

これは わたしの ラジオです。
고 레 와 　 와 따 시 노 　 라 지 오 데 스
이것은 나의 라디오입니다.

1 これ · それ · あれ · どれ

これ 고레는 이것이라는 뜻으로, **물건을 나타내는 지시어이다.** 더욱 자세한 것은 뒤에서 공부하기로 하고, 여기서는 이것, 그것, 저것, 어느 것에 관한 것만 공부하기로 하자.

이것	그것	저것	어느 것
これ 고레	それ 소레	あれ 아레	どれ 도레

예) **それ**は 何(なん)ですか。 　 그것은 무엇입니까?
소 레 와 　 난 데 스 까

⋯› **これ**は 電話(でんわ)です。 　 이것은 전화입니다.
고 레 와 　 뎅 와 데 스

2 ～の

여기서의 の노는 단순히 명사와 명사사이에 넣는 の노가 아니라, 앞과 뒤에 오는 **명사끼리의 소유관계를 나타낸다.** 이러한 때는 우리말로 ~의라고 해석이 된다.

예) わたし**の** かばん 　 나의 가방
와 따 시 노 　 가 방

3 カタカナ의 사용

ラジオ라지오는 가타카나이다. 앞에서도 말했지만, 일본어에서 외래어나 강조하고 싶은 말은 가타카나로 표기하는데, 현대 일본어에서는 상당히 많이 사용되므로, 어렵더라도 꼭 외우고 넘어가야 한다. 일본의 잡지나 광고, 간판 등을 보면 대부분 가타카나로 되어 있을 정도다.

일본인은 음운조직상 외래어를 그대로 발음하기가 어려워서 우리와 달리 자기들의 발음에 맞추어 읽고 쓰는데, 외래어의 원음을 알고 있더라도 가타카나식의 발음을 하지 않으면 일본사람들은 알아듣지 못할 때가 많다.

ラジオ라지오는 라디오를 말하며, 영어로는 radio이다. 특히, 일본어 고유의 말이 있으면서도 외래어를 쓰는 경우가 있는데 그 대표적인 것이 맥주 ビール비-루 beer이다.

コンビニ 콤비니 편의점

convinience store

デパート 데파-토 백화점

department

コーヒー 코-히- 커피

coffee

일본에서 쓰이는 숫자

0	1	2	3	4	5
ゼロ(れい) 제로/레-	いち 이찌	に 니	さん 상	よん/し 용/시	ご 고
	6	7	8	9	10
	ろく 로꾸	しち/なな 시찌/나나	はち 하찌	きゅう(く) 뀨-(꾸)	じゅう 쥬-

10이상부터는 우리말과 똑같이 앞에다 じゅう쥬- 를 붙이면 된다. 즉, 11 십일 이면, 십에 해당하는 じゅう쥬- 십 을 いち이찌 일 앞에 붙이기만 하면 된다. 이렇게 20 이십 까지 세어보자.

じゅう + いち 1
に 2
⋮ ⋮
きゅう 9

11	12	13	14
じゅういち 쥬-이찌	じゅうに 쥬-니	じゅうさん 쥬-상	じゅうよん 쥬-용
15	16	17	18
じゅうご 쥬-고	じゅうろく 쥬-로꾸	じゅうしち 쥬-시찌	じゅうはち 쥬-하찌
19	20	예) 30	
じゅうきゅう 쥬-뀨-	にじゅう 니쥬-	さん + じゅう 산 쥬	

に 2
さん 3
⋮ ⋮
きゅう 9 + じゅう

10	20	30	40
じゅう 쥬-	にじゅう 니쥬-	さんじゅう 산쥬-	よんじゅう 욘쥬-
50	60	70	80
ごじゅう 고쥬-	ろくじゅう 로꾸쥬-	ななじゅう 나나쥬-	はちじゅう 하찌쥬-
90	100	예) 174	
きゅうじゅう 규-쥬-	ひゃく 햐꾸	ひゃく + なな + じゅう + よん 햐꾸 나나 쥬- 용	

일본어를 배우는데 숫자를 세는 것은 기본! 다음의 표를 보면서 정성껏 외어두자.

Track 01

자, 이제 잠깐 연습을 해보자.

예 さん + じゅう + さん ➡ さんじゅうさん 33
산 쥬- 상

ひゃく + なな + じゅう + よん ➡ ひゃくななじゅうよん 174
햐꾸 나나 쥬- 용

우리말의 하나, 둘, 셋처럼 일본어에도 일본식으로 읽는 법이 있다.

하나	둘	셋	넷	다섯
ひとつ 히또쯔	ふたつ 후따쯔	みっつ 밋쯔	よっつ 욧쯔	いつつ 이쯔쯔
여섯	**일곱**	**여덟**	**아홉**	**열**
むっつ 뭇쯔	ななつ 나나쯔	やっつ 얏쯔	ここのつ 고꼬노쯔	とお 도-

날짜를 읽는 방법은 다음과 같은데, 14일·20일·24일 등은 읽는 법에 주의해야 한다.

1日	2日	3日	4日	5日
ついたち 쯔이따찌	ふつか 후쯔까	みっか 믹까	よっか 욕까	いつか 이쯔까
6日	**7日**	**8日**	**9日**	**10日**
むいか 무이까	なのか 나노까	ようか 요-까	ここのか 고꼬노까	とおか 도-까
11日	**12日**	**14日**	**20日**	**21日**
じゅういちにち 쥬-이찌니찌	じゅうににち 쥬-니니찌	じゅうよっか 쥬-욕까	はつか 하쯔까	にじゅういちにち 니쥬-이찌니찌
24日	**30日**			
にじゅうよっか 니쥬-욕까	さんじゅうにち 산쥬-니찌			

Part 3

본문

일본인과의 대화에서 꼭 필요한 문장들을 상황별로 회화를 구성하였다. 또한 현지사진도 대화문 상황에 맞게 실어 두었고, 간단하고 쉬운 문장들로만 구성하여, 처음 배우는 왕초보자들도 누구나 쉽게 따라할 수 있다.

1과 成田空港 나리타 공항

空港

ここは 成田空港(なりたくうこう)です…。
고꼬와 나리따 꾸-꼬- 데 스

東洙
こんにちは。
곤니찌와

案内員
こんにちは。
곤니찌와

ここが 到着(とうちゃく)ロビーですか。
고꼬가 도-짜꾸로비-데스까

はい、そうです
하이, 소-데스

あそこは 何(なん)ですか。
아소꼬와 난데스까

あそこは 日本航空(にほんこうくう)の カウンターです。
아소꼬와 니홍꼬-꾸-노 카운타-데스

では、両替所(りょうがえじょ)は どこに ありますか。
데와, 료-가에죠와 도꼬니 아리마스까

あそこに あります。
아소꼬니 아리마스

대부분의 학습자들은 일본어의 **오십음도**를 확실히 외우지도 않고 본문을 시작하는데, 이것은 바람직하지 못한 학습방법이다. 한글표기는 될 수 있는 한 보지 않고 **ひらがな**를 읽을 수 있도록 하자.

공항

Track 02

안내방송 **여기는 나리타공항입니다**

동수 안녕하세요?
안내원 안녕하세요?

- ここ 여기
- 成田空港[なりたくうこう] 나리타 공항
- こんにちは 안녕하세요

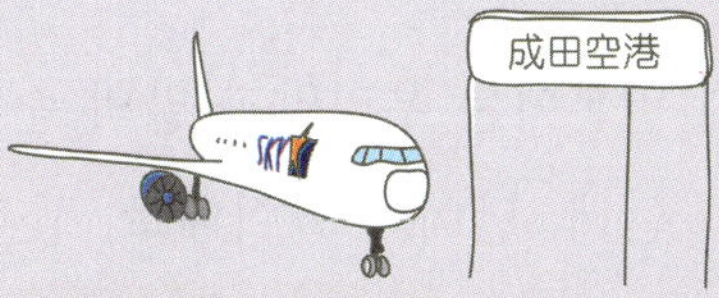

동수 여기가 도착로비입니까?
안내원 예.(그렇습니다.)

- 到着[とうちゃく]ロビー 도착로비
- そうだ 그렇다

동수 저기는 무엇 어디 입니까?
안내원 저기는 일본항공 카운터입니다.
동수 그럼, 환전소는 어디에 있습니까?
안내원 저쪽에 있습니다.

- あそこ 저기
- 何[なん]ですか 무엇입니까? 어디입니까?
- 日本航空[にほんこうくう] 일본항공
- カウンター[counter] 카운터

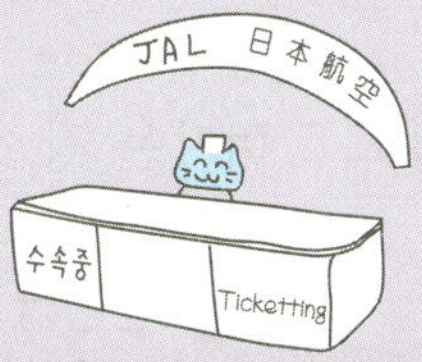

- 両替所[りょうがえじょ] 환전소

ポイント Point

1 ここが 到着ロビーですか。

일본어 어순 = 우리말 어순

① 일본어는 우리말과 말의 순서가 같다. 앞에서부터 차례대로 말해 나가기만 하면 되는데, 단어는 단어대로, 동사는 동사대로 우리말을 일본어로 바꿔주기만 하면 된다. 일본어는 의문문에 물음표 ? 를 하지 않고 문장 맨 뒤에 의문조사 か 를 써서 의문문을 나타낸다.

우리말도 물어볼 때는 뒤에 까라는 말을 쓰는데, 발음이 비슷하므로 쉽게 외울 수 있다.

② ～が ～ですか。～이/가 ～입니까?라는 뜻으로, 물음표가 없지만 문장 끝에 か를 써서 의문문임을 나타내며 끝을 약간 올려 읽는다. 이 때의 ～が ～이/가는 주격조사로 주어를 의미해준다.

예 ここが 成田空港(なりたくうこう)ですか。　여기가 나리타공항입니까?

→ はい。　예

마침표는 속이 비어 있는 동그라미 [。] 를 사용하는데, 우리말에서는 마침표가 [.] 이므로 비교해서 알아두자.

③ ここ 여기는 장소를 나타내는 말로, ここ로 물으면 ここ로 대답한다.

예 ここは どこですか。　여기는 어디입니까?

→ ここは 成田空港(なりたくうこう)です。　여기는 나리타공항입니다.

④**到着(とうちゃく)ロビー(lobby)** 도착로비는 한자어와 가타카나가 합쳐진 말로, 이때 **ロビー**는 영어 lobby의 일본식발음 즉 가타카나표기를 한 것이다.

예 コーヒー coffee 커피

ビジネス business 비지니스, 사업

2 あそこは 何ですか。

あそこ는 저기라는 뜻이며, ～は는 ～은/는의 뜻을 나타내는 주격조사 이다.

～は ～ですか는 ～은 ～입니까?라는 의문을 나타낸다.

何(なん)ですか는 무엇입니까?라는 뜻인데, 여기에서는 의미상 장소를 나타내서 무엇을 하는 곳입니까? 즉, 어떤 곳입니까? 어디입니까? 라는 속뜻을 가지고 있다.

예 あそこは 何(なん)ですか。 저기는 어디입니까? 무엇입니까?

…› あそこは 出発(しゅっぱつ)ロビーです。 저기는 출발로비입니다.

3 あそこは 日本空港の カウンターです。

～の는 ～의의 뜻으로, 명사와 명사 사이에 써주는 말이다. 우리말에서는 주로 생략되지만, 일본어에서는 특수한 경우를 빼고는 の를 생략하지 않는다. 그러나 해석을 할 때는 어색한 경우가 많으므로, 억지로 해석을 할 필요는 없다.

명사 + の + 명사

예 これは 私(わたし)の かばんです。 이것은 내 가방 나의 가방 입니다.

ここは 外国人(がいこくじん)の 窓口(まどぐち)です。 여기는 외국인 창구입니다.

4 両替所は どこに ありますか。

①両替所는 りょうがえじょ라고 읽으며, 환전소를 의미한다.

우리말에 換錢所 환전소라는 말이 있기 때문에 틀리기 쉬운 단어인데, 일본 공항에는 換錢이라고 씌어 있지 않고, 両替 라고 씌어 있다.

우리나라 공항에도 일본인 관광객을 위하여 환전소를 의미하는 곳에 両替 환전 이라고 씌어 있다.

②ありますは ある있다 의 정중한 표현으로 있습니다의 뜻이다.

반대말인 없습니다는 ありません이다.

정중한 표현	반대말
あります　있습니다	ありません　없습니다

예 ここに かばんが あります。　여기에 가방이 있습니다.

ここには かばんが ありません。　여기에는 가방이 없습니다.

③~は どこに ありますか는 ~은 ~에 있습니까?의 뜻이며, 이 말은 ~は どこですか ~은 어디입니까?와 같은 말이다.

~は どこに ありますか = ~は どこですか

예 学校(がっこう)は どこに ありますか。　학교는 어디에 있습니까?

学校(がっこう)は どこですか。　학교는 어디입니까?

외국인 外国人 [がいこくじん]

- 韓国人[かんこくじん] 한국인
- 日本人[にほんじん] 일본인
- 中国人[ちゅうごくじん] 중국인
- アメリカ人[Americaじん] 미국인

Track 02

1

ここ / そこ / あそこ	は 何(なん)ですか。

[여기 / 거기 / 저기]는 무엇입니까? 어디입니까?

2

日本航空(にほんこうくう) / 大韓航空(だいかんこうくう) / アシアナ	の カウンターです。

[일본항공 / 대한항공 / 아시아나] 카운터입니다.

3

両替所(りょうがえじょ) / トイレ / 観光(かんこう)センター	は どこに ありますか。

[환전소 / 화장실 / 관광센터] 는 어디에 있습니까?

今の日本

なりたくうこう
공항에서

Track 02

- 搭乗口は どこですか。

  탑승구는 어디입니까?

  ➡ 탑승구는 저쪽입니다.

- 신고할 물건이 있습니까?

  ➡ いいえ、ありません。

  아니오, 없습니다.

- 일본 신문이 있습니까?

  ➡ はい、あります。

  네, 있습니다.

- 실례합니다만, 안내소는 어느 쪽입니까?

  ➡ 案内所(あんないしょ)は こちらです。

  안내소는 이쪽입니다.

공항안내소

☐ 搭乗口 [とうじょうぐち]	탑승구	☐ 案内所 [あんないしょ]	안내소
☐ どこ	어디	☐ こちら	이쪽
☐ いいえ	아니오		
☐ はい	네		
☐ ある	있다		

일본의 항공사 우리나라에서 일본으로 가는 항공편중에 저렴하게 갈 수 있는 방법은 다양하지만, 외국의 항공사들을 이용하는 것도 한 방법이다. 항공사들은 특별한 요일을 정하여 아주 싼 가격에 판매하기도 하고, 여행사들과 제휴하여 호텔과 함께 이용하면 더욱 싸게 해 주기도 한다. 일본 항공사들 중 최대의 항공사는 **Japan Airlines**으로 **JAL** 잘 로 표시하며, **日本航空** 일본항공을 나타낸다.

2과 空港ラウンジ 공항라운지

空港出口

まりこ
あ、東洙(ドンス)さんが 来(き)ます 。
아, 동수상가 기마스

中村
どっち。
돗찌

まりこ
あそこです。
아소꼬데스

まりこ
東洙(ドンス)さん、東洙(ドンス)さん。
동수상, 동수상

東洙
ひさしぶり。 元気(げんき)。
히사시부리. 겡끼

まりこ
うん、おかげさまで。 こちらは 中村(なかむら)さんよ。
응, 오까게사마데

中村
はじめまして。 中村(なかむら)です。
하지메마시떼 나까무라데스

東洙
はじめまして。 金東洙(キムドンス)と 申(もう)します。
하지메마시떼 김동수또 모-시마스

どうぞ よろしく。
도-조 요로시꾸

中村
こちらこそ、
고찌라꼬소,

よろしく お願(ねが)いします。
요로시꾸 오네가이시마스

일본어를 잘하려면 본문의 회화와 Point에서 다루는 기본문형들을 통째로 외우는 것이다.
일본어는 어순과 조사의 쓰임이 우리말과 비슷하므로 필요한 단어만 바꾸어 사용하면 쉽게 응용할 수가 있다.

공항 출구

Track 03

마리꼬 아, 동수씨가 옵니다.
나까무라 어디?
마리꼬 저쪽이요.

- ~さん [こづつみ] ~씨, 님
- 来る [くる] 오다
- どっち 어디
- あそこ 저쪽, 저기

마리꼬 동수씨, 동수씨!
동수 오랜만이야, 잘 지냈어?
마리꼬 응, 덕분에. 이 쪽은 나까무라씨예요.

- ひさしぶりだ [久しぶりだ] 오랜만이다
- 元気だ [げんきだ] 건강하다, 활발하다
- おかげさまで 덕분에, 덕택에
- こちら 이쪽, 이분

니까무라 처음 뵙겠습니다. 나까무라입니다.
동수 처음 뵙겠습니다. 김동수라고 합니다. 잘 부탁합니다.
니까무라 저야말로, 잘 부탁합니다.

- はじめまして 처음 뵙겠습니다
- どうぞ 부디, 아무쪼록
- ~と 申します [もうします] ~라고 합니다
- こちらこそ 이쪽이야말로
- 願う [ねがう] 부탁하다

ポイント Point

1 あ、東洙さんが 来る。

①あは 우리말의 아로 감탄이나 놀랐을 때 내는 소리이다. 역시 우리와 비슷한 감정일 때는 내는 소리도 비슷하다.

예 あ、久(ひさ)しぶりですね。　아! 오랜만이군요.

あ、すごいですね。　아! 멋지군요.

②~さん은 보통 사람의 성이나 이름, 직책 등에 붙어 상대방을 부를 때 사용한다. ~씨, 님정도라고 볼 수 있다. ~君(くん)은 보통 남자의 성이나 이름 뒤에 붙어서 친구나 비슷한 연배의 사람을 부를 때 쓰는 말이다.
~ちゃん이라는 말도 있는데, 이것은 ~さん이 변한 말로 아이나 친한 친구 또는 젊은 여성등을 다정하게 부를 때 쓰는 말이다.

상대방을 부를때 쓰는 표현			
~さん	~씨, 님	のむらさん	노무라씨
~君(くん)	~군	つかさ君(くん)	츠카사군
~ちゃん	~양	あゆみちゃん	아유미양

예 木村(きむら)くん。　기무라군.

かおるちゃん。　가오루(야).

猫(ねこ)ちゃん、猫(ねこ)ちゃん。　야옹아, 야옹아!

어감이 귀엽고 깜찍해서 집에서 기르는 고양이나 강아지 뒤에 이 말을 붙여 부르기도 한다.

来(く)る 오다 ⟷ 行(い)く 가다

③ ~が 来(く)る는 우리말의 ~이 온다의 뜻으로, ~が는 주어를 나타내는 주격조사이며, 来る는 오다라는 뜻의 동사이다. 특히 가다, 오다같은 기본동사들은 꼭 알아두어야 하는데, 나올 때마다 외우는 것이 가장 좋은 학습 방법이다

예 福田(ふくだ)さんが 来(く)る。 후꾸다씨가 온다.

福田(ふくだ)さんが 行(い)く。 후꾸다씨가 간다.

2 どっち。

どっち는 어디라는 말로 どちら가 변한 말이다. 뜻은 어디, 어느 쪽이다.

예 教室(きょうしつ)は どこですか。 교실은 어디입니까?

= 教室(きょうしつ)は どちらですか。 교실은 어디입니까?

(どちら = どっち)

3 ひさしぶり、元気。

① 久(ひさ)しぶり는 오래간만이라는 뜻으로 오랜만에 만나는 사람들이 쓰는 인사말이다. 기본형은 久(ひさ)しぶりだ 오래간만이다로, 아랫사람이나 가까운 사이에서는 だ를 빼고, ひさしぶり, 윗어른이나 정중한 사이에서는 だ를 です로 고쳐서 ひさしぶりです 오래간만입니다 라고 한다. 비슷하게 しばらくぶりですね라고 해도 된다.

예 あ、ひさしぶりですね、田中(たなか)さん。 아, 오래간만이군요, 다나까씨.

② 元気(げんき)는 건강함, 기운의 뜻으로 元気(げんき)ですか 건강하십니까?에서 ～ですか가 빠져 건강하니? 잘 지냈니?의 뜻이다. 앞에 お를 붙여 자주 사용하는 인사말이다.

예 先生(せんせい)、お元気(げんき)ですか。 선생님, 잘 지내십니까?

…→ うん、元気(げんき)だ。 그래, 잘 지낸다.

4 こちらは 中村さんよ。

① こちらは ～さん은 이 사람은 ～씨예요 라는 뜻으로 누군가를 소개할 때 사용하는 표현이다. 이보다 좀 더 정중한 표현으로 この 方(かた)は ～さんです 이 분은 ～씨입니다가 있다.

> この는 이 라는 뜻으로 뒤에 오는 명사를 꾸며 주는 말이며, かた는 분이라는 뜻으로 人(ひと)의 정중한 표현이다.

② ～方(かた) ～분, 님 대신에 人(ひと)사람을 사용해도 된다. 또한, 남을 부를 때는 주로 성만을 부르며, 이름을 부르는 것은 친한 친구나 가족 사이에서 뿐이다.

일반적인 표현		정중한 표현	
ひと 사람	だれ 누구	かた 분	どなた 어느 분

예 あの ひとは だれですか。 저 사람은 누구입니까?

…› あの ひとは 田中(たなか)さんです。 저 사람은 다나까 씨입니다.

あの 女(おんな)の かたは どなたですか。 저 여자 분은 누구십니까?

…› あの 女(おんな)の かたは 鈴木(すずき)さんです。 저 여자 분은 스즈끼 씨입니다.

5 はじめまして。金東洙と 申します。

① **はじめまして**는 사람들이 처음 만났을 때 의례적으로 하는 인사말로, **처음 뵙겠습니다**의 뜻이다. 뒤에 **どうぞ、 よろしく** **앞으로 잘 부탁합니다**라는 말을 덧붙이면 좋다. 대답은 똑같이 **はじめまして**라고 해도 되고, 좀 더 부드럽고 정중한 표현으로 **こちらこそ、どうぞ よろしく おねがいします** **저야말로 잘 부탁드립니다**라고 해도 된다. 이때의 **こちらこそ**는 **이쪽이야말로, 저야말로**의 뜻으로 뒤의 말을 생략하고 **こちらこそ**만 사용하기도 한다.

예 はじめまして、よろしく おねがいします。
처음 뵙겠습니다, 잘 부탁드립니다.

…› こちらこそ、どうぞ よろしく おねがいします 。
저야말로, 잘 부탁드립니다.

② ~と 申しますは ~라고 합니다라는 뜻으로, 자신을 소개할 때 쓰는 말이다. 주로 처음 만난 사람에게 자신을 소개하므로, はじめまして와 함께 쓰인다. 주의할 것은 저는 ~라고 합니다라고 할 때 私は ~さんです라고 하는 경우가 종종 발생하는데, 내가 자기 자신을 말할 때는 ~さん을 붙여서는 절대 안 된다. 우리 나라 사람들이 가장 많이 하는 실수 중의 하나이다.

예 はじめまして、わたしは パクと もうします。 처음 뵙겠습니다. 저는 박이라고 합니다.

⋯→ わたしは 田中と もうします。 저는 다나까라고 합니다.

どうぞ よろしく おねがいします。 잘 부탁드립니다.

6 どうぞ、よろしく おねがいします。

どうぞ는 부디, 아무쪼록이라는 뜻으로, 뒤에 오는 말이 생략되어 사용하는 경우가 많다. 그래서 상황에 따라 여러 가지 뜻을 나타내므로, 그때그때 알맞게 해석하도록 한다.
위의 예문과 같은 경우는, 부디, 잘 부탁한다 는 뜻이다.

> 음식을 앞에 두고 どうぞ라고 하면 어서, 드십시오.
> 손님이 찾아왔을 때 どうぞ라고 하면 어서, 들어오십시오의 뜻이 된다.

예 何も ないですが、さあ どうぞ。 아무 것도 없지만 차린 건 없지만, 자 많이 드십시오.

지시어의 의미와 활용

Track 03

의미	물건	장소	방향	명사를 꾸며줄 때
こ	これ 이것	ここ 여기	こちら 이쪽	この 이
そ	それ 그것	そこ 거기	そちら 그쪽	その 그
あ	あれ 저것	あそこ 저기	あちら 저쪽	あの 저
ど	どれ 어느 것	どこ 어디	どちら 어느 쪽	どの 어느

말하는 사람 가까이에 있는 것은 こ, 듣는 사람 가까이에 있는 것은 そ, 말하는 사람과 듣는 사람 둘 다에게서 멀리 있는 것은 あ를 쓴다.

예 これは かばんです。 이것은 가방입니다.

それは カメラです。 그것은 카메라입니다.

あれは 本(ほん)です。 저것은 책입니다.

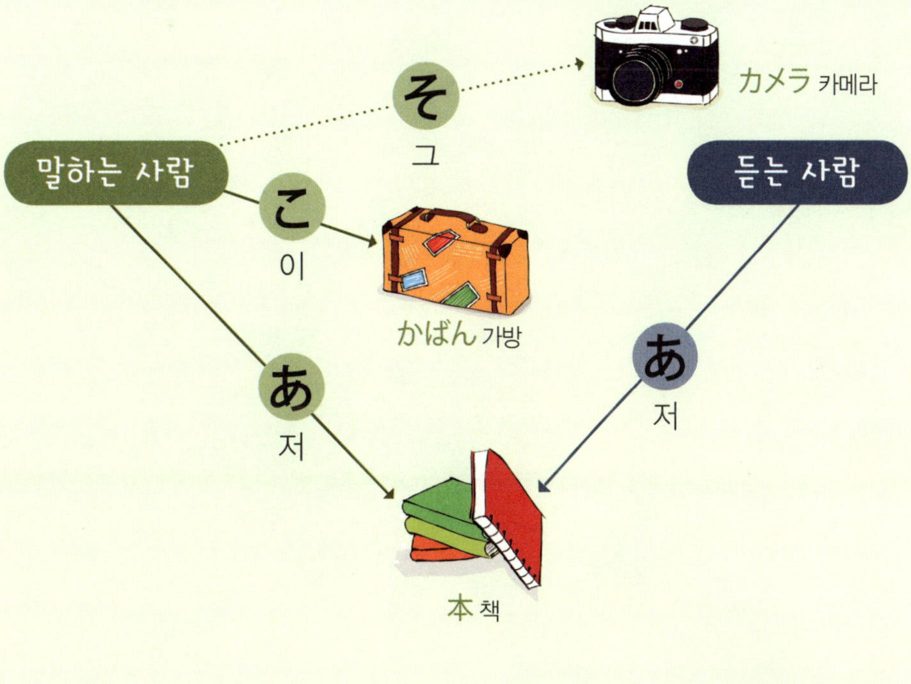

この로 물으면 その로, その로 물으면 この로 대답한다.

예 この かばんの 中(なか)には 何(なに)が ありますか。 이 가방 안에는 무엇이 있습니까?

→ その かばんの 中(なか)には 本(ほん)が あります。 그 가방 안에는 책이 있습니다.

あの로 물으면 あの로 대답한다.

예 あの へやには 何(なに)が ありますか。 저 방에는 무엇이 있습니까?

→ あの へやには テレビが あります。 저 방에는 텔레비젼이 있습니다.

일본인의 **성姓**

- **田中**[たなか] 다나까
- **福田**[ふくだ] 후꾸다
- **中村**[なかむら] 나까무라
- **鈴木**[すずき] 스즈끼
- **山本**[やまもと] 야마모또

Track 03

1 ひさしぶり、［元気(げんき) / 田中君(たなかくん) / みなさん］。

오랜만이야. [**잘 지냈어? / 다나까군. / 여러분.**]

2 こちらは［中村(なかむら)さん / 日本人(にほんじん) / 先生(せんせい)］よ。

이분은 [**나까무라씨 / 일본인 / 선생님**] (이)예요.

3 ［金東洙(キムドンス) / つくし / 山本(やまもと)］と申(もう)します。

[**김동수 / 츠쿠시 / 야마모또**] 라고 합니다.

今の日本

くうこうラウンジ

공항 라운지

Track 03

- お元気(げんき)ですか。
  건강히 잘 지내십니까?

  ➡ 덕분에 건강합니다.

- 다나까씨, 이쪽은 김씨입니다.

  ➡ はじめまして、よろしく。
  처음 뵙겠습니다, 잘 부탁합니다.

- お目(め)に かかれて うれしいです。
  만나게 되어서 반갑습니다.

  ➡ 저는 스즈끼라고 합니다.

- やあ、元気(げんき)か。
  야아, 잘 지냈어?

  ➡ お久(ひさ)しぶり。
  오랜만이야.

공항 라운지

- ☐ 元気だ [けんきだ] 건강하다
- ☐ はじめまして 처음 뵙겠습니다
- ☐ お目に かかれる [おめに かかれる] 만나 뵙다
- ☐ うれしい 기쁘다, 반갑다
- ☐ お久しぶりだ [おひさしぶりだ] 오랜만이다

일본인의 성 일본의 성 중 가장 많은 것은 佐藤(さとう)사또-이다. 일본인들은 오래 전에는 성과 이름을 함께 쓰지 않았다. 이것은 신분의 계급을 나타내는 것으로 일반 백성은 성을 갖지 못하도록 한 것이다. 그러던 중, 1875년(메이지 8년) 일반 백성들도 모두 성을 갖도록 하였는데, 대부분 많은 사람들이 급하게 지어야 했기 때문에 성의 종류도 많아서 10만 2,000여 가지나 된다.

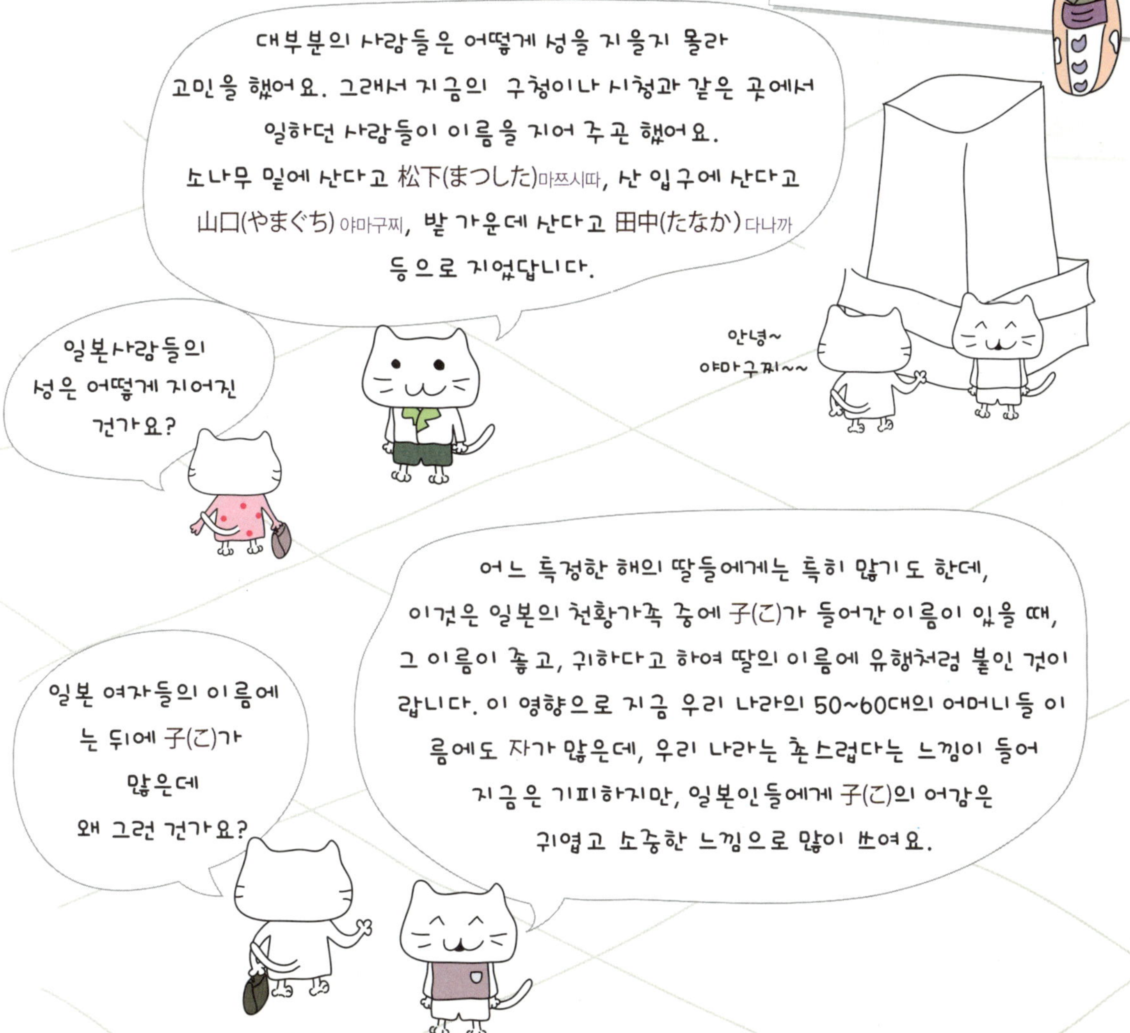

일본인의 주요 성

*사또 佐藤[さとう] *다까하시 高橋[たかはし] *와따나베 渡辺[わたなべ]
*이또 伊藤[いとう] *코바야시 小林[こばやし] *나까무라 中村[なかむら]
*야마모또 山本[やまもと]

3과 駅の中 역내

駅の中

東洙

すみません。
스미마셍

切符(きっぷ)は どこで 買(か)いますか。
깁뿌와 도꼬데 가이마스까

駅員

あそこで 買(か)います。
아소꼬데 가이마스

新宿駅(しんじゅくえき)は いくらですか。
신쥬꾸에끼와 이꾸라데스까

130円(ひゃくさんじゅうえん)です。
햐꾸산쥬-엔데스

あ、そうですか。 どこで 乗(の)りますか。
아, 소-데스까 도꼬데 노리마스까

3番(さんばん)の ホームで 乗(の)ります。
삼반노 호-무데 노리마스

わかりました。
와까리마시따

どうも、ありがとう ございます。
도-모, 아리가또- 고자이마스

いいえ。どういたしまして。
이-에. 도-이따시마시떼

일본어는 쉽다. 하지만 이것은 다른 외국어에 비해 우리와 어순이 비슷하고 같은 한자권이기 때문에 이점이 있다는 것이지 결코 별다른 노력 없이 쉽게 배울 수 있다는 것이 아니다.

Track 04

역내

동수 실례합니다.
표는 어디에서 삽니까?
역무원 저쪽에서 삽니다.

- 切符 [きっぷ] 표
- どこで 어디에서
- 買う [かう] 사다

동수 신주쿠역은 얼마입니까?
역무원 130엔입니다.

- 新宿駅 [しんじゅくえき] 신주쿠역
- いくら 얼마
- 円 [えん] 엔

동수 아, 그렇습니까? 어디에서 탑니까?
역무원 3번 홈에서 탑니다.

- そうですか 그렇습니까?
- ~番 [ばん] ~번
- 乗る [のる] 타다
- ホーム [home] 플랫홈

동수 알겠습니다.
대단히, 감사합니다.
역무원 아니오, 천만에요.

- わかる 알다
- どうも 매우, 대단히
- いいえ 아니오
- どういたしまして 천만에요

ポイント Point

1 切符は どこで 買いますか。

① 切符(きっぷ)는 표라는 뜻으로 차표, 입장권, 관람권 등을 의미한다. 비슷하게 チケット치켓토 티켓이라는 말도 있는데, 이것은 영어 ticket의 일본식 발음으로 カタカナ로 표기한다. 철도 회수권, 항공권, 상품권, 입장권 등 다양한 티켓을 파는 가게를 チケット ショップ ticket shop 티켓숍이라고 하며, 거리 여기저기에서 흔히 볼 수 있다.

예 映画館(えいがかん)で 映画(えいが)を 見(み)る。 영화관에서 영화를 보다.

ticket shop 티켓숍

② ~で는 ~에서라는 뜻으로 장소 를 나타내는 조사이다.

どこ + で = どこで
어디 ~에서 어디에서

장소를 나타내는 말과 붙어서 그 장소에서 어떠한 동작이 이루어지는 것을 말하는 것으로 뒤에는 어떠한 행동을 나타내는 말이 온다. 따라서 どこで는 어디에서라는 뜻이 된다.

예 学校(がっこう)で 勉強(べんきょう)する。 학교에서 공부하다.

③ 買(か)いますか는 삽니까?라는 뜻으로, 사다라는 말을 정중하게 물어보는 말이다. 동사를 정중하게 말할 때는 です를 붙이는 것이 아니라, ます로 활용한다. ⓟ 62 〈동사의 ます형〉 참조
의문의 뜻을 나타내기 위해서는 문장 끝에 ～か ～까?를 붙인다.
이처럼, 일본어에는 정중한 표현이 있는데, 우리말에도 어른이나 처음 보는 사람에게는 존대말을 하듯이 일본어에서도 마찬가지이다.

예 どこで プレゼントを 買(か)いますか。　어디에서 선물을 살 겁니까?

→ デパートで 買(か)います。　백화점에서 살 겁니다.

* プレゼント 선물 present

* デパート 백화점 department store

2 どうも、ありがとう ございます。

どうも는 매우, 대단히, 정말로의 뜻으로, 감사할 때나 사죄의 표현을 할 때 쓰는 말이다.
이말 또한 뒤에 생략된 표현으로 사용되어 여러가지 뜻이 있는데, 앞 과에 나온 どうぞ와 구별해서 알아두자.
오랜만에 만난 사람에게 쓰면, 만나서 반갑다는 뜻이 되고, 헤어질 때 쓰면 잘 가라는 뜻이 되며, ありがとう와 같이 쓰이면 고맙다라는 뜻이 되고, 미안한 상황에서 쓰면 미안하다는 뜻이된다.

예 これ、プレゼントです。　이것, 선물입니다.

→ あ、どうも。　아, 감사합니다.

동사의 ます형

일본어의 정중한 표현은 어떻게 나타낼까? 명사나 형용사의 정중한 표현은 **~です** **~입니다**를 붙인다. 하지만 동사의 경우, 우리말 **~합니다, ~입니다** 라는 뜻의 **정중한 표현**은 일본어에서는 **~ます**이다.
동사의 뒤에 **~ます**가 붙는데는 일정한 규칙이 있는데, 이렇게 변화하는 것을 **활용**이라고 하며, **활용형**활용법**에 따라서 3그룹**으로 나뉜다. 규칙에 따라 변화시키면 되므로 기본동사들은 그 뜻과 변화를 꼭 익혀두자.

Track 04

간단히 표로 만들어 보면 다음과 같다.

1그룹	의미	2그룹	의미	3그룹	의미
書(か)く	쓰다	食(た)べる	먹다	来(く)る	오다
読(よ)む	읽다	見(み)る	보다	する	하다
飲(の)む	마시다	入(い)れる	넣다		
乗(の)る	타다	起(お)きる	일어나다		
行(い)く	가다	覚(おぼ)える	기억하다		

위의 표처럼 우리말 동사들은 기본형 끝의 발음이 **먹다, 놀다, 마시다**의 **다**로 끝나는 것처럼 **일본의 동사들은 기본형 끝의 발음이 모두 -u** 우,**-eru** 에루/ **-iru** 이루**로 끝난다.**

1그룹 동사 동사의 기본형의 끝이 **かく** kaku , **よむ** yomu , **のむ** nomu , **のる** noru , **いく** iku 등 끝의 발음이 -u우 로만 끝나는 동사들이다.

2그룹 동사 동사들은 **たべる** taberu , **みる** miru , **いれる** ireru , **おきる** okiru , **おぼえる** oboeru 등 끝의 발음이 -eru에루, -iru이루 로 끝난다.

3그룹 동사 예외동사로 2개뿐으로 규칙이 없으므로 그냥 외우면 된다.

예 1그룹 田中(たなか)さんが **いく。** 다나까 씨가 간다.

2그룹 テレビを **みる。** TV를 본다.

3그룹 先生(せんせい)が **くる。** 선생님이 온다.

ます형 [정중한 표현] 만들기

1그룹 동사 く·ぐ·う·つ·る·む·ぬ·ぶ·す등으로 끝나는데, 끝의 -u음이 -i음으로 바뀌고 **ます**가 붙으면 된다.

2그룹 동사 모두 **る**로 끝나므로 끝의 る를 빼고 그대로 **ます**만 붙이면 된다.

3그룹 동사 2개 뿐으로 규칙이 없으므로 그냥 외우면 된다.

표에 나온 동사들을 바꾸면서 확인해 보자.

1그룹	ます형	2그룹	ます형	3그룹	ます형
書く(か) 쓰다	かきます 씁니다	食べる(た) 먹다	たべます 먹습니다	来る(く) 오다	きます 옵니다
読む(よ) 읽다	よみます 읽습니다	見る(み) 보다	みます 봅니다	する 하다	します 합니다
飲む(の) 마시다	のみます 마십니다	入れる(い) 넣다	いれます 넣습니다		
乗る(の) 타다	のります 탑니다	起きる(お) 일어나다	おきます 일어납니다		
行く(い) 가다	いきます 갑니다	覚える(おぼ) 기억하다	おぼえます 기억합니다		
활용규칙 -く, -ぐ ···▸ -きます, -ぎます -む, -ぬ, -ぶ ···▸ -みます, -にます, -びます -う, -つ, -る, -す ···▸ -います, -ちます, -ります, -します 동사의 끝음이 끝나는 것에 따라 -u음을 -i음으로 바꿔 주고 **ます**를 붙인다.		활용규칙 **-る ···▸ -ます** **る**를 떼고 **ます**를 붙인다.		활용규칙 **きます, します** 예외 **2개**뿐이 없다.	

학자들에 따라 위의 1그룹 · 2그룹 · 3그룹을 1단 동사 · 2단 동사 · 불규칙 동사 혹은 1류 동사 · 2류 동사 · 3류 동사라고도 한다.

예 1그룹 田中(たなか)さんが いく ···▸ 田中(たなか)さんが いきます。
다나까씨가 간다. / 다나까씨가 갑니다.

2그룹 テレビを みる ···▸ テレビを みます。
TV를 본다. / TV를 봅니다.

3그룹 先生(せんせい)が くる ···▸ 先生(せんせい)が きます。
선생님이 온다. / 선생님이 오십니다.

주요 カタカナ

- スーパー supermarket 슈퍼
- コンビニ convenience store 편의점
- デパート department store 백화점
- テレビ television TV
- メール e-mail 이메일
- パソコン personal computer 개인용컴퓨터 PC

Track 04

1

どこ / 駅(えき) / スーパー / デパート	で	買(か)いますか。

[어디 / 역 / 슈퍼 / 백화점]에서 삽니까?

2

買(か)う / 乗(の)る / 飲(の)む	→	買(か)い / 乗(の)り / 飲(の)み	ます
[사다 / 타다 / 마시다]		[삽니다 / 탑니다 / 마십니다]	
食(た)べる / 見(み)る	→	食(た)べ / 見(み)	ます
[먹다 / 보다]		[먹습니다 / 봅니다]	
する	→	し	ます
[하다]		[합니다]	

今の日本

えきの なか
역에서

Track 04

- 신주쿠는 어떻게 갑니까?

  ➡ 電車(でんしゃ)に 乗(の)ります。

  열차를 탑니다.

- 지하철과 JR중 어느 것이 편리합니까?

  ➡ JRが 便利(べんり)です。

  JR이 편리합니다.

- どのくらい かかりますか。

  어느 정도 걸립니까?

  ➡ 10분 정도 걸립니다

- ここから 何番目(なんばんめ)の 駅(えき)ですか。

  여기에서 몇 번째 역입니까?

  ➡ 여기에서 4번째입니다.

JR 신주쿠역

☐ 電車 [でんしゃ]	전차
☐ 乗る [のる]	타다
・～に のる ～을 타다	
☐ 便利だ [べんりだ]	편리하다
☐ どのくらい	어느 정도
☐ かかる	(시간이) 걸리다
☐ 何番目[なんばんめ]	몇 번째
☐ 駅 [えき]	역

4과 コンビニ 편의점

東洙

あのう、すみません。
아노-, 스미마셍

お弁当(べんとう)は どこに ありますか。
오벤또-와 도꼬니 아리마스까

店員

お弁当(べんとう)は あそこの 後(うし)ろですよ。
오벤또-와 아소꼬노 우시로데스요

この お弁当(べんとう)は いくらですか。
고노 오벤또-와 이꾸라데스까

ねだんが ついて いませんね。
네당가 쯔이떼 이마센네

それは 500円(ごひゃくえん)です。 やすくて おいしいですよ。
소레와 고햐꾸엔데스 야스꾸떼 오이시-데스요

この 大(おお)きい お弁当(べんとう)も 同(おな)じ ねだんですか。
고노 오-끼- 오벤또-모 오나지 네단데쓰까

いいえ、それは 550円(ごひゃくごじゅうえん)です。
이-에, 소레와 고햐꾸고쥬-엔데스

ちょっと 高(たか)いですね。
쬳또 다까이데스네

これは いかがですか。
고레와 이까가데스까

今日(きょう)の お買(か)い得品(どくひん)で、今日(きょう)だけ やすいですよ。
교-노 오까이도꾸힌데, 교-다께 야스이데스요

では、それに します。
데와, 소레니 시마스

Track 05

동수　실례합니다.
　　　도시락은 어디에 있습니까?
점원　도시락은 저기 뒤쪽입니다.

- 弁当 [べんとう]　도시락
- どこ　어디
- あそこ　저 쪽, 저기
- 後ろ [うしろ]　뒤
  - ⟺ 前 [まえ]　앞

동수　이 도시락은 얼마입니까?
　　　가격이 붙어 있지 않은데요.
점원　그것은 500엔입니다. 싸고 맛있습니다.

- いくら　얼마
- ねだん [値段]　값, 가격
- つく [付く]　붙다
- やすい [安い]　싸다

동수　이 큰 도시락도 같은 가격입니까?
점원　아니오, 그것은 550엔입니다.
동수　조금 비싸군요.

- 大きい [おおきい]　크다
- 同じ [おなじ]　같음, 동일함
- ちょっと　조금
- 高い [たかい]　비싸다, 높다
- おいしい [美味しい]　맛있다

점원　이것은 어떻습니까?
　　　오늘의 싼 물건으로, 오늘만 싸답니다.
동수　그럼, 그걸로 하겠습니다.

- いかが [如何]　어떻다
- 今日 [きょう]　오늘
- ～だけ　~만
- ～に する　~로 하다, 결정하다
- 買い得品 [かいどくひん]　싼 물건

ポイント Point

1 お弁当は どこに ありますか。

~は ~に ありますか는 ~은 ~에 있습니까? 라는 뜻으로 사물이나 물건의 소재장소를 나타내는 표현이다. どこ는 어디라는 방향을 나타낸다. 이러한 질문에 대답하는 방법은 2가지로, ① ~は ~に あります라는 표현과 ② ~は ~です라는 표현이다. 단, ②의 표현을 쓸 때는 장소를 나타내는 말 〈교실, 책상 위 등〉 뒤에 に를 쓰지 않는다는 것이다.

~は ~に あります = ~は ~です

예 くだものは どこに ありますか。 과일은 어디에 있습니까?

…› くだものは あそこの 後(うし)ろに あります。 과일은 저쪽 뒤에 있습니다.

= くだものは あそこの 後(うし)ろです。 과일은 저쪽 뒤 입니다. 에 있습니다.

예 学生(がくせい)は どこに いますか。 학생은 어디에 있습니까?

…› 学生(がくせい)は 教室(きょうしつ)に います。 학생은 교실에 있습니다.

= 学生(がくせい)は 教室(きょうしつ)です。 학생은 교실에 있습니다.

2 この お弁当は いくらですか。

この는 이라는 뜻으로 뒤에 오는 말을 꾸며주는 데, 여기서는 도시락을 꾸며 준다.

~は いくらですか는 ~은 얼마입니까?라는 말로 가격을 물을 때 쓰는 표현이다. 이때의 いくら는 얼마라는 뜻이다. 공손한 표현으로 앞에 お를 붙여쓰기도 한다.

円엔, ¥Yen은 일본의 화폐단위이다. 달러는 ドル도루, $라고 한다.

예 これは おいくらですか。　　이것은 얼마입니까?

…▸ 全部(ぜんぶ)で 300円(さんびゃくえん)です。　　전부 300엔입니다.

3 今日だけ、やすいですよ。

① ~だけ는 ~만, ~뿐이라는 뜻으로 이 말은 명사 같은 말에 붙어서 수량이나 범위, 정도를 한정해 준다.

~だけ	비교	~しか
~만, ~뿐		~밖에

예 日曜日(にちようび)だけ 休(やす)みます。　　일요일만 쉽니다.

テレビだけ 見(み)ます。　　TV만 봅니다.

이와 비교해서, ~しか ~밖에라는 말이 있는데, 이 말은 뒤에 부정하는 말이 항상 같이 온다.

예 日曜日(にちようび)しか 休(やす)みません。　　일요일밖에 쉬지 않습니다.

テレビしか 見(み)ません。　　TV밖에 안봅니다.

② ~よ는 문장의 끝에 붙어서, 상대방에게 상대방이 모르는 것에 대한 정보를 가르쳐 주거나, 자신의 견해를 말할 경우에 쓰인다.

예 これが 新(あたら)しい ものですよ。　　이것이 새 물건입니다.

これは 本物(ほんもの)ですよ。　　이 물건은 진짜예요.

い형용사의 기본형과 활용

사물의 성질이나 생김새, 상태 등을 설명해주거나 뒤에 오는 단어를 꾸며 주는 말을 형용사라고 한다. 형용사는 두 가지가 있는데, 그 중 **기본형의 끝이 い로 끝나는 형용사를 い형용사**라고 한다.

문장의 끝에 오거나 명사를 꾸며주기 위해 명사 앞에 놓일 때는 기본형과 똑같은 형태로 쓰이며, 다른 문장과 연결하거나 부정할 때에는 동사와 마찬가지로 활용을 한다.

Track 05

기본적인 い형용사

기본형	의미	기본형	의미	기본형	의미	기본형	의미
高(たか)い	비싸다	安(やす)い	싸다	長(なが)い	길다	短(みじか)い	짧다
高(たか)い	높다	低(ひく)い	낮다	大(おお)きい	크다	小(ちい)さい	작다

형용사의 기본형에 **です**를 붙이면, 정중한 뜻이 된다.

예 これは高(たか)い。　　이것은 비싸다.

これは安(やす)い**です**。　　이것은 쌉니다.

그리고 명사의 단어와 단어를 연결할 때는 **～と ～와, 과**를 쓰지만 **형용사는 ～くて ～고의 형태를 써서 문장을 연결한다.**

기본형	의미	연결형	의미
大(おお)きい	크다	大(おお)きくて	크고
高(たか)い	높다	高(たか)くて	높고
いい, よい	좋다	よくて	좋고

접속 규칙
-い ··· -くて

형용사의 연결법은 い ···▸ くて로 바꾼다

> **예** これは **大(おお)きい**。 이것은 크다 **+** これは **いい**。 이것은 좋다
>
> ⇩
>
> これは 大(おお)き**くて** いいです。 이것은 **크고** 좋습니다.

예 この すいかは 安(やす)**くて**、おいしい。 이 수박은 싸고 맛있다.

단, 주의할 점은 서로 그 뜻이 반대되는 것은 연결시켜서 쓸 수 없다. 이럴 경우에는 **~が**를 쓴다.

예 この 家(いえ)は 大(おお)き**くて**、いいです。 이 집은 넓고, 좋습니다.

cf この 家(いえ)は 大(おお)きいです**が**、たかいです。 이 집은 크지만, 비쌉니다.

과일 果物 [くだもの]

- りんご 사과
- いちご 딸기
- ぶどう 포도
- すいか 수박
- かき 감
- なし 배
- みかん 귤
- バナナ 바나나
- レモン 레몬

Track 05

1

くだもの / 野菜(やさい) / 肉(にく)	は どこに ありますか。

[과일 / 야채 / 고기] 은(는) 어디에 있습니까? 어디입니까?

2

これが	大(おお)き / 高(たか) / 安(やす)	くて、いいです。

이것이 [크 / 높 / 싸]고 좋습니다.

3

今日(きょう) / これ / 子供(こども)	だけ、やすいですよ。

[오늘 / 이것 / 아이들]만 싸답니다.

今の日本

슈퍼에서

- 이 과일은 답니까?

  ➡ とても 甘(あま)いですよ。

  아주 달답니다.

- 野菜(やさい)を ください。

  야채를 주십시오.

  ➡ 네, 여기 있습니다.

- それ、ください。

  그것, 주십시오.

  ➡ 네, 여기 있습니다.

- 包(つつ)んで ください。

  포장해 주십시오.

  ➡ 알겠습니다.

슈퍼 식품매장

- ☐ 甘い [あまい] 달다
  - ・味が あまい 맛이 달다
- ☐ 野菜 [やさい] 야채
- ☐ ください ~주십시오
- ☐ つつむ [包む] 포장하다
- ☐ ~て(で) ください ~해 주십시오

今の日本

일본의 100엔 숍 식품, 부엌용기, 빗 등 일용품에서 액세서리까지 다양한 물건을 100엔에 팔고 있어요. 물론 100엔 이상 하는 것들도 있지만 잘 고르면 괜찮은 것들을 고를 수 있어요.
일본의 100엔 숍은 무엇을 파나요?
100엔 숍은 구경하기도 재미있죠. 전국적으로 체인망을 갖고 있는 곳이 많답니다.
나도 100엔숍이 좋아~
나도 나도~

도시락

일본의 소비세는 5% 1989년 4월부터 부과되었던 일본의 소비세는 1997년 4월 1일부터 3%에서 5%로, 우편요금의 엽서나 봉투, 전차나 버스, 비행기의 항공권 등 미리 소비세가 들어가 있는 것을 제외하고는 거의 모든 상품이나 서비스에 부과되었다. 즉, 정가에 5%의 소비세를 더해서 물건을 사게 되는 것이다. 그래서 일본은 여전히 1 엔 짜리를 잘 이용한다.

가이도꾸힝 일본은 디스카운트 숍이나 슈퍼 등에 가면 어떤 특정한 물건에 今日の お買い得品 교-노 오가이도꾸힝이라고 해서 그날만 싸게 파는 물건이 있어요. 주로 가격에 자신할 만한 것이나 새로 들어 온 물건들로 정하는 데 이런 것들을 잘 이용하면 알뜰한 쇼핑을 할 수 있답니다.

가이도꾸힝

티켓숍은 우리 나라에서 구두티켓이나 백화점 티켓을 싸게 파는 것처럼 일본에도 티켓만 정가보다 싸게 파는 티켓숍(ticket shop)이 있어요. 항공권, 신칸센 新幹線 티켓, 백화점 상품권이나 야구티켓에서 영화티켓까지 우리보다 다양한 종류의 티켓들을 취급하고 있답니다.

5과 本屋 서점

案内Desk

東洙

あのう、すみません。
아노-, 스미마셍

辞書(じしょ)は 何階(なんかい)に ありますか。
지쇼와 낭까이니 아리마스까

店員

辞書(じしょ)なら 4階(よんかい)です。
지쇼나라 용까이데스

4かいで

すみません。
스미마셍

日韓辞書(にっかんじしょ)を 探(さが)して いますが、
닉깐지쇼오 사가시떼 이마스가

どの 辞書(じしょ)が いいですか。
도노 지쇼가 이-데스까

そうですね。 これは どうですか。
소-데스네 고레와 도-데스까

いいですね。でも もう 少(すこ)し ちいさい のは ありませんか。
이-데스네 데모 모- 스꼬시 찌-사이 노와 아리마셍까

これは どうですか。
고레와 도-데스까

とても 有名(ゆうめい)な 辞書(じしょ)です。
도떼모 유-메-나 지쇼데스

じゃ、これに します。
쟈, 고레니 시마스

이쯤 오면 일본어가 생각한 것보다 어려운 점이 많아서 포기하고 싶은 마음이 생기기가 쉽고,
대충대충 넘어 가기 쉽다. 하지만 이 고비만 잘 넘기면 다른 외국어 보다 쉽고 재미있다는 것을 알 수 있다.

안내데스크

동수　저, 죄송합니다만.
　　　사전은 몇 층에 있습니까?
점원　네, 사전이라면 4층입니다.

Track 06

- ☐ 辞書 [じしょ] 사전
- ☐ 何階 [なんかい] 몇 층
- ☐ 4階 [よん かい] 4층

4층에서

동수　실례합니다.
　　　일한사전을 찾습니다,
　　　어떤 사전이 좋습니까?
점원　글쎄요. 이것은 어떻습니까?

- ☐ 日韓辞書 [にっかんじしょ] 일한사전
- ☐ 探す [さがす] 찾다
- ☐ どの 어떤
- ☐ いい 좋다

동수　좋군요. 그런데, 조금 작은 것은 없습니까?
직원　이것은 어떻습니까?
　　　아주 유명한 사전입니다.
동수　그럼, 이걸로 사겠습니다.

- ☐ もう 少し [すこし] 조금 더
- ☐ 小さい [ちいさい] 작다
- ☐ とても 매우, 대단히
- ☐ 有名だ [ゆうめいだ] 유명하다

ポイント Point

1 辞書なら 4階です。

~なら는 **~라면**이라는 뜻으로 조건을 나타내는 말이지만, **명사 + なら**의 형태로 쓰여서 상대방이 말한 화제에 대해서 어떠한 정보나 자료를 제공할 경우에도 사용한다.

명사 + なら ~라면 — 상대방이 말한 화제에 대해서 **어떠한 정보나 자료를 제공할 경우**

예 テレビなら、秋葉原(あきはばら)が やすいですよ。 TV라면, 아키하바라가 쌉니다.

スポーツなら、プロ 野球(やきゅう)が 一番(いちばん)だ。 스포츠라면, 프로야구가 제일이다.

2 日韓辞書を 探して いますが。

① **日韓(にっかん) 일한**은 **日本(にっぽん)**과 **韓国(かんこく)**를 합쳐서 줄여 부르는 말로 **和韓(わかん)이라고도 한다.** 일본인들이 스스로 자기 나라를 일컬을 때 **和(わ)**라는 말을 쓰기도 하는데, 이것은 **大和(やまと)**라고 하던 고대 일본의 국가 이름에서 나온 것이다.

和食(わしょく) 일본식 식사

和室(わしつ) 일본식 방 (다다미방)

② **~を**는 **~을/를**이라는 뜻으로 **목적격 을 나타내는 조사**이다. 발음은 **お**와 같아서 오라고 읽으며, 조사로만 쓰인다.

③ **~が**는 주로 동사의 뒤에 붙어서 **~이지만, ~입니다만, ~인데**의 뜻으로, **명사 뒤에 붙는 주격 조사 ~이/가와 구별**해야 한다. 역접의 뜻을 나타낼 때도 있지만, 여기서처럼 다음에 오는문장을 부드럽게 이어주거나, 여운을 남기려고 할 때 자주 쓴다.

예 これを 買(か)いますが、いいですか。　　이것을 사겠습니다만, 괜찮나요?

わたしは これに しますが。　　저는 이것으로 하겠습니다만.

3 これは どうですか。

~は どうですか는 **~은 어떻습니까?** 라는 뜻으로, 상대방의 의향이나 생각을 물어볼 때 쓰는 말이다.

더욱 공손한 표현으로 ~は いかがですか 라고도 한다.

예 これは どう。	이건 어때?	보통형
これは どうですか。	이것은 어떻습니까?	정중한 말
これは いかがですか。	이것은 어떻습니까?	더 정중한 표현

4 とても 有名な 辞書です。

とても는 **대단히, 상당히, 매우**라는 뜻으로 회화체에서는 **とっても**라고도 한다.

예 彼女(かのじょ)は とても きれいだ。　그녀는 매우 아름답다.

5 これに します。

~に します는 **~로 하겠습니다**의 뜻으로 **무엇인가를 선택해서 결정함**을 나타낼 때 쓰는 표현이다. 이 때는 **명사 + ~に する**의 형태로 쓰인다.

명사 + ~に する　　~로 (결정)하다

예 何(なに)に しますか。　　무엇으로 하시겠습니까?

→ これに します。　　이것으로 하겠습니다. 물건을 가리키며

な형용사의 기본형과 활용

な형용사는 **い형용사**와 마찬가지로, 사물의 성질이나 생김새, 상태 등을 나타내는 데 기본형의 끝이 だ로 끝난다. 그래서 だ**형용동사**라고도 한다.

Track 06

기본형	의미	기본형	의미	기본형	의미
好(す)きだ	좋아하다	きらいだ	싫어하다	きれいだ	아름답다, 깨끗하다
上手(じょうず)だ	잘하다	下手(へた)だ	못하다	有名(ゆうめい)だ	유명하다
便利(べんり)だ	편리하다	不便(ふべん)だ	불편하다	静(しず)かだ	조용하다, 고요하다

예 京都(きょうと)は 有名(ゆうめい)**だ**。 교토는 유명하다.

この へやは きれい**だ**。 이 방은 깨끗하다.

정중한 표현은 だ를 です로 바꾼다.

예 この 電車(でんしゃ)は 便利(べんり)**です**。 이 전철은 편리합니다.

ここは きれい**です**。 여기는 아름답습니다.

규칙1
-だ ⋯› -です
정중한 표현

뒤에 명사가 와서 꾸며 줄 때 **い형용사**는 그대로 쓰지만, だ**형용사**는 だ ⋯› な로 바뀐다.

い형용사 **これは 赤(あか)い りんごです。** 이것은 빨간 사과입니다.

な형용사 **この 方(かた)は 有名(ゆうめい)な 歌手(かしゅ)です。** 이 분은 유명한 가수입니다.

예 静(しず)か**な** 家族(かぞく)ですね。 조용한 가족이군요.

접속규칙1
-だ ⋯› -な
명사를 꾸밀 때

다른 문장과 연결할 때는 だ를 で로 바꾼다.

예 新幹線(しんかんせん)は 便利(べんり)**で** 有名(ゆうめい)だ。 신칸센은 편리하고 유명하다.

ここは きれい**で** 静(しず)かです。 여기는 아름답고 조용합니다.

접속규칙2
-だ ⋯› -で
문장 연결

일본요리 日本料理 [にほんりょうり]

- すし[스시] 초밥
- さしみ[사시미] 회
- てんぷら[뎀뿌라] 튀김
- すきやき[스끼야끼] 전골

시간 時間 [じかん]

- 時[じ] 시
- 分[ふん, ぷん] 분
- 秒[びょう] 초

Track 06

1. 辞書(じしょ) / くだもの / 日本料理(にほんりょうり) なら、これが いい。

[사전 / 과일 / 일본요리] (이)라면, 이것이 좋다.

2. 好(す)き / きらい / 得意(とくい) な 物(もの)は 何(なん)ですか。

[좋아하는 / 싫어하는 / 잘 하는] 것은 무엇입니까?

3. これ / 3時(さんじ) / ラーメン に します。

[이것 / 3시 / 라면] (으)로 하겠습니다.

今の日本

ほんや
서점

Track 06

- 雑誌(ざっし)は どこに ありますか。

  잡지는 어디에 있습니까?

  ➡ 잡지는 입구 근처에 있습니다.

- 取(と)り寄(よ)せしますか。

  주문을 할까요?

  ➡ 네, 부탁드립니다.

- いちばん 大(おお)きい 書店(しょてん)は どこですか。

  가장 큰 서점은 어디입니까?

  ➡ 기노쿠니야입니다.

- この 近(ちか)くに 本屋(ほんや)が ありますか。

  이 근처에 서점이 있습니까?

  ➡ 네, 대형 서점이 있습니다.

일본서점

- □ 雑誌 [ざっし] 잡지
- □ 取り寄せ [とりよせ] 주문해서 가져옴
  - ・見本[みほん]を 取り寄せる 견본을 주문하다
- □ いちばん [一番] 가장, 제일
- □ 大きい [おおきい] 크다
  ↕ 小さい [ちいさい] 작다
- □ 書店 [しょてん] 서점
  - ・きのくに屋 [きのくにや] 도쿄의 한 서점 이름
- □ どこ 어디
- □ 近く [ちかく] 근처, 주변
  ↕ 遠い [とおい] 먼 곳
- □ 本屋 [ほんや] 서점, 책방

도서카드와 서점회원카드 일본에는 다양한 사진이나 그림이 들어 있는 도서카드가 있어서 이것을 이용해 책을 살 수 있다. 모양이 예쁘기 때문에 이 카드를 모으는 것을 취미로 삼는 사람들도 있다. 우리 나라에 일본만화가 많이 들어와 있을 만큼, 일본의 만화와 애니메이션은 유명하며 회원카드로 만화책도 빌릴 수 있다.

6과 電気屋 전자상가

電気屋の 中

まりこ: ごめんください。
고멩꾸다사이

店員: いらっしゃいませ。何(なに)を お探(さが)しでしょうか。
이랏샤이마세 나니오 오사가시데쇼-까

まりこ: MP3が ほしいんですが。
엠삐쓰리가 호시인데스가

店員: これは いかがですか。
고레와 이까가데스까

最新型(さいしんがた)で、安(やす)いですよ。
사이신가따데, 야스이데스요

まりこ: いくらですか。
이꾸라데스까

店員: 15,000円(いちまんごせん えん)です。
이찌망고셍엔데스

まりこ: えっ、もっと 安(やす)い ものは ありませんか。
엣-, 몯또 야스이 모노와 아리마셍까

店員: じゃ、こちらは いかがですか。
쟈, 고찌라와 이까가데스까

13,000円(いちまんさんぜんえん)です。
이찌망산젱엔데스

まりこ: 分割払(ぶんかつばら)いでも いいですか。
붕까쯔바라이데모 이-데스까

店員: はい、けっこうです。
하이, 겍꼬-데스

まりこ: では、この形(かたち)で 黒(くろ)いの お願(ねが)いします。
데와, 고노 가따찌데 구로이노 오네가이시마스

처음 배우는 분들을 위하여 우리말로 토를 달아 놓았지만, 일본어를 우리말로 정확하게 표기한다는 것은 불가능하므로 실제 일본인이 녹음한 테이프를 들으면서 한 문장 한 문장 따라하며 발음을 익히도록 하자.

Track 07

전자상가 내

마리꼬　여보세요.
직원　어서 오십시오. 무엇을 찾으십니까?
마리꼬　MP3를 찾습니다만.

- ☐ いらっしゃる　오시다, 가시다, 계시다
- ☐ 探す [さがす]　찾다
- ☐ mp3　엠피3
- ☐ ほしい　갖고 싶다, 원하다

직원　이것은 어떻습니까?
　　　최신형이고 쌉니다.
마리꼬　얼마입니까?
직원　15,000엔입니다.

- ☐ 最新型 [さいしんがた] 최신형
- ☐ 安い [やすい]　싸다
- ☐ もの [物]　물건, 것

마리꼬　응, 더 싼 것은 없습니까?
직원　그럼, 이쪽 것은 어떻습니까?
　　　13,000엔입니다.

- ☐ もっと　더

마리꼬　할부라도 괜찮습니까?
직원　네, 괜찮습니다.
마리꼬　그럼, 이 모양으로 검정색으로 주십시오.

- ☐ 分割払い [ぶんかつばらい] 할부
- ☐ けっこうだ [結構だ]　괜찮다, 적당하다
- ☐ 形 [かたち]　형태, 모양
- ☐ 黒い [くろい]　검다

ポイント Point

1 何を お探しでしょうか。

① **何(なに、なん)은 무엇, 무슨, 몇의 뜻으로 보통 なに라고** 읽지만, 뒤에 오는 말에 따라 **なん**으로 읽을 때가 있다.

(1)뒤에 오는 단어의 **첫 음이 [d, t, n]으로 되어 있을 경우,** (2)뒤에 오는 단어가 **수량 · 길이 같은 의존명사**가 올 때이다. 이 외에는 모두 **なに**로 읽으면 된다.

何을 なん으로 읽는 경우

なん + d, t, n
なん + 수량 · 길이 등

예 これは 何(なん)ですか。 — 이것은 무엇입니까?

何時(なんじ)ですか。 — 몇 시입니까?

何(なん)キロですか。 — 몇 킬로미터입니까?

何을 なに 로 읽는 경우

なん으로 읽는 때를 제외한 경우

예 何(なに)を 読(よ)む。↗ — 무엇을 읽니?

何(なに)が ほしいですか。 — 무엇이 갖고 싶습니까?

② **お探(さが)しでしょうか**는 **찾으십니까?**의 뜻으로, 이 때의 **探(さが)し**는 동사 **探(さが)す**의 **ます**형으로 명사의 역할을 하는데, 이렇게 동사를 명사로 바꿀 때는 **ます형**으로 바꾸고 **ます**를 떼어버리면 된다. 이러한 것을 **전성명사**라고 한다.

동사의 **ます**형 → 전성명사

동사	ます형	전성명사
書(か)く 쓰다	かきます	かき 쓰기
読(よ)む 읽다	よみます	よみ 읽기
休(やす)む 쉬다	やすみます	やすみ 휴식

그리고, **お+ます형 + でしょうか**는 **정중한 뜻**을 나타내는 표현이다. 의문조사 か는 생략하는 경우도 있다.

お + ます형 + でしょうか 정중한 뜻

예 何(なに)を お読(よ)みでしょうか。 무엇을 읽으십니까?

2 Mp3が ほしいんですが。

~が ほしい는 **~을 갖고싶다, 원하다**라는 뜻으로 사람의 욕구나 기호 등을 나타내는 말이다. 주의해야할 것은 이런 말의 대상이 되는 것은 조사를 **を**를 쓰지 않고 **が**를 써야 한다는 것이다. 이렇게 우리말로는 **을, 를**로 해석이 되지만 **が**를 써야 하는 서술어들이 있는데, 다음의 표를 보고 꼭 기억해 두자.

~が ほしい　~을/ ~를 원하다

사람의 기호나 욕구를 나타내는 말		능력을 나타내는 말	
ほしい	바라다, 갖고싶다	上手(じょうず)だ	잘하다
好(す)きだ	좋아하다	下手(へた)だ	못하다
嫌(きら)いだ	싫어하다	わかる	알다
		できる	할 수 있다

예 人形(にんぎょう)が ほしい。　인형을 갖고 싶다.

あなたの ことが 好(す)き。　너를 좋아해.

私(わたし)は りんごが 好(す)きです。　나는 사과를 좋아합니다.

彼女(かのじょ)は 英語(えいご)が わかります。　그녀는 영어를 압니다.

3 最新型で、安いですよ。

~で는 ~이고, ~하고의 뜻으로, 명사, な형용사의 문장을 서로 연결할 때 쓰인다. 이 문장과 다음 문장의 연결을 하고 싶을 때는 문장 끝의 だ, です를 で로 바꾸어 준다.

山田(やまだ)さんは 日本人(にほんじん)です。 + 山田(やまだ)さんは 男(おとこ)の 人(ひと)です。

야마다씨는 일본사람입니다.　야마다씨는 남자입니다.

山田(やまだ)さんは 日本人(にほんじん)で、男(おとこ)の 人(ひと)です。

예 あの 人(ひと)は きれいで、親切(しんせつ)です。　저 사람은 예쁘고, 친절합니다.

4 分割払いでも いいですか。

～でも는 **~라도, ~이어도, ~일지라도**의 뜻으로 단어 뒤에 붙어서 의견이나 망설임 등을 나타내는 말이다. 따라서 뒤에는 **いいですか 좋습니까?**, **だいじょうぶですか 괜찮습니까?** 등의 말이 온다.

예 これでも いいですか。 　이거라도 괜찮습니까?

…› はい、いいですよ。 　네, 괜찮습니다.

5 はい、けっこうです。

結構だ(けっこう)는 **충분하다, 훌륭하다, 다행이다**의 뜻으로, 자주 나오는 만큼 예문을 통해서 상황에 맞는 뜻을 정확히 알아두자.

예 もう けっこうです。 　이제 됐습니다. 충분합니다.

けっこうな プレゼント。 　훌륭한 선물

예 もう 少し(すこ) いかがですか。 　더 드실래요?

…› いいえ、けっこうです。 　아니오, 괜찮습니다.

전자제품을 나타내는 말

- ラジカセ[radio + cassette] 라디오 카세트
- コンピューター[computer] 컴퓨터
- パソコン[personal + computer] 개인용 컴퓨터 PC
- ノートPC[note pc] 노트북
- デジカメ[digital + camera] 디지털 카메라
- テレビ[television] TV
- ホームシアター[hometheater] 홈씨어터
- 携帯[けいたい] 핸드폰

Track 07

1

MP3 / ラジカセ / Nintendo DS	が　ほしいんですが。

[워크맨 / 라디오 카세트 / 닌텐도] 을(를) 갖고싶습니다만.

2

きれい / 便利(べんり) / 静(しず)か	で、いいです。

[예쁘 / 편리하 / 조용하] 고, 좋습니다.

3

分割払(ぶんかつばら)い / カード / 小切手(こぎって)	でも　いいですか。

[할부 / (신용)카드 / 수표] (라)도 괜찮습니까?

今の日本

でんきや
전자상가

Track 07

- これは いくらですか。
  이것은 얼마입니까?

  ➡ 10,000엔입니다.

- 이 색뿐입니까?

  ➡ いろいろ ありますよ。
  여러 가지 있습니다.

- これは 日本製(にほんせい)です。
  이것은 일본제입니다.

  ➡ それが 気(き)に 入(い)りました。
  그것이 마음에 듭니다.

  ➡ それは いりません。
  그것은 필요 없습니다.

요 도바시 아끼바 전자상가

- □ いくら　얼마
- □ いろいろ [色々]　여러 가지
- □ 日本製 [にほんせい]　일본제
- □ 気に 入る [きに いる]　마음에 들다
- □ いる [要る]　필요하다

7과 郵便局 우체국

小包窓口

東洙

すみません。
스미마셍

こ づつみ　ねが
この 小包を お願いします。
고노 고즈쯔미오 오네가이시마스

職員

ごばん　まど ぐち
じゃ、5番の 窓口へ どうぞ。
쟈, 고반노 마도구찌에 도-조

5番の窓口

こくない　こく がい
国内ですか、国外ですか。
고꾸나이데스까, 고꾸가이데스까

こくがい
国外ですが。
고꾸가이데스가

くに
どこの 国ですか。
도꼬노 구니데스까

かんこく
韓国の ソウルです。
강-꼬꾸노 소우루데스

ふなびん　こうくうびん
船便と 航空便と どちらに しますか。
후나빈또 고-꾸-빈또 도찌라니 시마스까

こうくうびん　ねが
航空便で お願いします。
고-꾸-빈데 오네가이시마스

こ づつみ　に　ろっせんはっぴゃくえん
じゃ、この 小包は 2キロなので、 6,800円です。
쟈, 고노 고즈쯔미와 니키로나노데, 록-센합빠꾸엔데스

ななせん　えん
はい、7,000円です。
하이, 나나센엔데스

にひゃくえん
おつり 200円です。
오쯔리 니햐꾸엔데스

しょうしょう　ま
少々 お待ちください。
쇼-쇼- 오마찌 구다사이

일본어는 우리가 사용하는 한자보다 더 많은 한자(1,945자)를 사용한다. 한자를 잘 모른다고 겁부터 먹지 말고, 그 때 그 때 외우도록 하자. 한자를 포기하면 일본어를 포기하는 것이다.

Track 08

소포창구

동수 실례합니다.
이 소포를 부탁합니다.
직원 그럼, 5번 창구로 가십시오.

- 小包 [こづつみ] 소포
- ねがう [願う] 원하다, 부탁하다
- ○番 [ばん] ○번
- 窓口 [まどぐち] 창구

5번 창구

직원 국내입니까? 국외입니까?
동수 국외입니다만.
직원 어느 나라입니까?
동수 한국의 서울입니다.

- 国内 [こくない] 국내
- 国外 [こくがい] 국외
- 国 [くに] 나라
- 韓国 [かんこく] 한국
- ソウル [Seoul] 서울

직원 배편과 항공편중 어느 것으로 하시겠습니까?
동수 항공편으로 보내주십시오.
직원 그럼, 이 소포는 2kg이므로, 6,800엔입니다.

- 船便 [ふなびん] 배편
- 航空便 [こうくうびん] 항공편
- キロ [kg] 킬로그램〈단위〉
- おつり [お釣り] 거스름돈, 잔돈

동수 네, 7,000엔입니다.
직원 거스름돈 200엔입니다.
잠시만 기다려 주십시오.

- ~ので ~니까, ~이므로
- 少々 [しょうしょう] 잠시, 잠깐
- 待つ [まつ] 기다리다

ポイント Point

1 じゃ、5番の 窓口へ どうぞ。

① 일본어에서는 **번호를 붙일 때, ~番(ばん)**이라고 한다. 숫자 세는 법은 이미 앞에서 공부했으므로, 숫자 뒤에 번호를 뜻하는 **~番(ばん)**을 붙이면 되는 것이다.

1번	2번	3번	4번	5번
1番	2番	3番	4番	5番
いちばん	にばん	さんばん	よんばん	ごばん

예 あなたは 何番(なんばん)。 너는 몇 번이니?
…› わたしは 3番(さんばん)だよ。 나는 3번이야.

② ~へ는 원래 **헤 [he]**라고 읽지만, 여기서처럼 방향을 나타내는 조사로 쓰이면 **에 [e]**라고 읽는다. 뜻은 **~에, ~로**이다.

예 どこへ 行(い)きますか。 어디에 갑니까?
…› 野球場(やきゅうじょう)へ 行(い)きます。 야구장에 갑니다.

③ **どうぞ**는 뒤의 말이 생략되어 여러 가지 뜻을 나타내는데, 여기서는 **오십시오**의 뜻이다. 이 외 **말하십시오, 드십시오, 들어오십시오** 등 무엇인가를 권하는 듯한 의미가 들어있다.

どうぞ **~하세요! ~드십시오! ~들어오세요!**

상황에 따라 다양한 뜻으로 해석된다.

예 お先(さき)に どうぞ。 먼저 하십시오.
さあ、こちらへ どうぞ。 자, 이쪽으로 들어오십시오.

2 船便と 航空便と どちらに しますか。

～と ～と どちら는 두 가지 이상의 사물을 비교하거나 선택할 때 쓰는 표현으로 ~ 와/과 ~중 어느 것의 뜻이다. **～に する**는 **~으로 결정하다**는 뜻이다.

예 りんごと すいかと どちらに しますか。　사과와 수박 중 어느 것으로 하겠습니까?

…› りんごに します。　사과로 하겠습니다.

3 この 小包は 2キロなので、6,800円で ございます。

～ので 는 ~니까, ~므로, ~어서 등의 객관적인 원인이나 이유의 뜻을 나타낸다.
～ので 는 동사, 형용사, 명사 등 모든 것에 접속하는데, 접속하는 방법은 모두 연체형 명사를 꾸며 주는 형태에 붙는다. 따라서, 명사일 경우 **な**가 들어가는 것에 주의하도록 하자.

2キロ ＋ な ＋ ～ので

명사

명사와 ～ので 사이에 な가 들어가는 것에 주의!

	동사	い 형용사	명사	だ 형용사
원형	ある 있다	暑(あつ)い 덥다	休暇(きゅうか) 휴가	元気(げんき)だ 건강하다
～ので	あるので 있으니까	暑(あつ)いので 더우니까	休暇(きゅうか)なので 휴가라서	元気(げんき)なので 건강해서

예 休暇(きゅうか)なので、アメリカへ 行(い)きます。　휴가라서 미국에 갑니다.

元気(げんき)なので、安心(あんしん)です。　건강해서 안심입니다.

4 少々 お待ちください。

①少々(しょうしょう)는 **잠시만, 잠깐** 이라는 뜻으로, 일본어에서는 이렇게 같은 한자가 나오면 뒤에 오는 글자는 々로 대신해서 쓴다.

時々(ときどき)	때때로, 이따금
様々(さまざま)	가지가지, 갖가지
色々(いろいろ)	여러가지

예 曇(くも)り 時々(ときどき) 雨(あめ) — 흐리고 가끔 비 일기예보에서

色々(いろいろ)な 物(もの)を 買(か)う。 — 여러가지 물건을 사다.

②**お + ます형 + ください** 는 **~해 주십시오**의 정중한 표현이다. 일본어에는 상대방을 높이거나 자신을 낮추어서 정중한 표현을 하는 데, 이 형태도 그러한 것 중의 하나이다. 자주 나오는 표현이므로 잘 익혀두자.

お + ます형 + ください — **~해 주십시오**

예 お書(か)きください。 — 써 주십시오.

お飲(の)みください。 — 마시세요.

단위를 나타내는 말

- **キロ**[kilo] k, 킬로그램, 킬로미터 따위의 준말
- **メートル**[meter] m, 미터
- **センチ**[centi] cm, 센티
- **グラム**[gram] g, 그램
- **リットル**[liter] ℓ , 리터

Track 08

1

船便(ふなびん)	と	航空便(こうくうびん)	と どちらに しますか。
これ		それ	
野球(やきゅう)		サッカー	

[배편 / 이것 / 야구]과 [항공편 / 그것 / 축구] 중 어느 것으로 하시겠습니까?

2

この 小包(こづつみ)は 2キロ(に)	なので、 6,800円(ろっせんはっぴゃくえん)です。
10個(じゅっこ)	
最新型(さいしんがた)	

[이 소포는 2kg / 10개 / 최신형](이)라서 6,800엔입니다.

3

少々(しょうしょう) お待(ま)ち	ください。
どうぞ お入(はい)り	
どうぞ お座(すわ)り	

[잠시만 기다리세요 / 들어오세요 / 앉으세요] .

今の日本

ゆうびんきょく
우체국에서

Track 08

- これを 送って ください。
  이것을 부쳐 주십시오.

  ➡ 네

- 中身(なかみ)は 何(なん)ですか。
  내용물은 무엇입니까?

  ➡ 책입니다.

- 何日(なんにち)ぐらい かかりますか。
  며칠 정도 걸립니까?

  ➡ 일주일 정도 걸립니다.

- 90円(きゅうじゅうえん)の 切手(きって)を ください。
  90엔 짜리 우표를 주십시오.

  ➡ 네

우체통

- ☐ 送る [おくる] 보내다, 부치다
- ☐ 中身 [なかみ] 내용물
- ☐ 何日 [なんにち] 며칠
- ☐ かかる 걸리다 시간, 비용 등
  - ・どのくらい かかりますか 어느 정도 걸립니까?
- ☐ 切手 [きって] 우표

우체국 표시 우리 나라의 우체국 표시는 이고 우편번호는 (우)이지만, 일본은 우체국 표시와 우편번호 표시가 〒로 똑같다. 일본의 우체국도 저금이나 보험 · 송금 · 공공요금 납부 등과 같은 서비스를 하고 있으며, 각종 엽서나 편지봉투도 판매한다.

영업시간 월요일 ~ 금요일 09:00~17:00시 **소형 우체국**
월요일 ~ 금요일 9:00~19:00시 **대형 우체국** - 토요일 오전 영업

8과 映画館 영화관

まりこ

あした 暇(ひま)。
아시따 히마

東洙

うん、ごごなら 時間(じかん) あるよ。
응, 고고나라 지깡 아루요

まりこ

じゃ、いっしょに 映画(えいが)でも 見(み)に 行(い)かない。
쟈, 잇쇼니 에-가데모 미니 이까나이

それは いいけど…。
소레와 이-께도…

ぼく、日本語(にほんご)も 英語(えいご)も あまり 上手(じょうず)じゃないから ちょっと…。
보꾸, 니홍고모 에-고모 아마리 죠-즈쟈나이까라 춋또…

じゃ、映画の かわりに プロ野球は どう。
쟈, 에-가노 가와리니 프로야뀨-와 도-

うん、それが いいね。
응, 소레가 이-네

とくに 好(す)きな チームは。
도꾸니 스끼나 치-무와

ぼくは 巨人(きょじん)が 好(す)きだよ。
보꾸와 교징가 스끼다요

ところで、
도꼬로데,

入場料(にゅうじょうりょう)は どのぐらい。
뉴-죠-료-와 도노구라이

外野席(がいやせき)が 2,000円(にせんえん)ぐらい。
가이야세끼가 니셍엥구라이

일본어를 공부하면서 쓰지 않고 눈으로 보고 귀로 듣기만 하려 했다면, 능률적인 학습법을 모르는 사람이다.
쓰면서, 보면서, 읽으면서, 들으면서 하는 입체적 방법이야말로 외국어를 공부하는 최상의 방법이다.

Track 09

마리꼬 내일 시간 있어?
동수 응, 오후라면 시간 있는데.
마리꼬 그럼, 함께 영화라도 보러 가지 않을래?

- あした [明日] 내일
- 暇 [ひま] 시간, 짬, 한가함
- ごご [午後] 오후
- いっしょに [一緒に] 함께
- 映画 [えいが] 영화
- 見る [みる] 보다
- 行く [いく] 가다

동수 그건 좋지만….
나, 일본어도 영어도 그다지 잘하지 못해서 좀…
마리꼬 그럼, 영화 대신에 프로야구는 어때?

- 日本語 [にほんご] 일본어
- 英語 [えいご] 영어
- じょうずだ [上手だ] 잘하다, 능숙하다
- かわりに [代わりに] 대신에
- プロ野球 [pro やきゅう] 프로야구

동수 응, 그게 좋겠다.
마리꼬 특별히 좋아하는 팀은?
동수 나는 교징 자이언츠 을 좋아해.

- チーム [team] 팀
- 巨人 [きょじん(Giants)] 거인 (자이언츠) 일본 프로야구 팀명

동수 그런데,
입장료는 얼마정도지?
마리꼬 외야석이 2,000엔 정도.

- 入場料 [にゅうじょうりょう] 입장료
- 外野席 [がいやせき] 외야석

ポイント Point

1 いっしょに 映画でも 見に 行かない。

①**～でも**는 **～라도**의 뜻으로 무엇인가를 예를 들어서 말하고자 할 때 쓰는 표현이다. 이 외에도 여러 가지 뜻이 있는데, 이런 것들은 문장을 통해서 그 뜻을 아는 것이 좋다.

예 どこでも 行(い)きます。	어디라도 가겠습니다.	전면적인 긍정
ビールでも 飲(の)みたい。	맥주라도 마시고 싶다.	
あなただけでも 来(き)て ください。	당신만이라도 와 주십시오.	최소한의 희망

②**～に 行(い)く**는 **～하러 가다**의 뜻으로 **～하러**의 뜻을 **～に**로 나타내는 것에 주의하자. 즉 **行(い)く, 来(く)る, 帰(かえ)る**등의 동사들의 목적을 나타내려면 **ます형 + に**의 형태로 쓴다.

~に 行(い)く **~하러 가다**

예 服(ふく)を 買(か)いに 行(い)きます。	옷을 사러 갑니다.
買(か)い物(もの)に 行(い)く。	쇼핑하러 가다.

2 日本語も　英語も　あまり　上手じゃないから　ちょっと…。

①**あまり ～ない** 부정어는 **그다지 별로~하지 않다라는 뜻**으로 여기서는 **あまり**가 부정하는 말과 합쳐져서 정도를 나타낸다.

예 お酒(さけ)は　あまり　飲(の)まない。　　술은 별로 마시지 않는다.

りんごは　あまり　好(す)きじゃ　ないです。　　사과는 그다지 좋아하지 않습니다.

酒 사케

②**～は ちょっと**는 **～은 좀**… 이란 뜻으로, 여기서는 **영화를 보고 싶지 않다**라는 속뜻이 담겨 있다. 이처럼, 일본어에서는 거절하는 말을 직접적으로 하지 않는데, 상대방을 생각해서 말하는 습관이 여기에 잘 나타나있다.

예 先(さき)に、食(た)べても　いいですか。　　먼저, 먹어도 괜찮습니까?

…› それは　ちょっと…。　　그건 좀 곤란한데요.

나가노 그랜드 시네마

3 映画の かわりに プロ野球は どう。

~の 代(かわ)りに는 **~대신에, 대용**으로의 뜻이다.

예 あなたの かわりに 私(わたし)が 行(い)く。　너 대신에 내가 간다.

お代(かわ)り ください。　한 그릇 더 주십시오.

~の 代(かわ)りに : 음식을 먹고 한 그릇 더 추가할 때 자주 사용하는 말이다.

4 ところで、入場料は どのぐらい。

ところで는 그런데, 그건 그렇고, ~한들의 뜻으로, 말의 화제를 바꿀 때 쓰는 접속사이다.

접속사	의미	접속사	의미
そして	그리고	しかし	그러나
それに	게다가	それで	그래서

예 ところで、今(いま) 何時(なんじ)。　그런데, 지금 몇 시야?

예 彼(かれ)は ハンサムです。**そして** 親切(しんせつ)です。
그는 잘 생겼습니다. 그리고 친절합니다.

彼は ハンサムです。**しかし** 親切(しんせつ)では ありません。
그는 잘 생겼습니다. 그러나 친절하지 않습니다.

値段(ねだん)が 安(やす)いです。**それに** おいしいです。 가격이 쌉니다. 게다가 맛있습니다.

→ **それで** 人(ひと)が 多(おお)いんですね。 그래서 사람이 많군요.

동사의 부정형

~です ~입니다 의 부정은 **~では ありません ~이 아닙니다**인 것은 이미 앞에서 배웠다. 그러나 이것은 명사를 부정하는 것이며, 동사 자체로 부정을 하는 방법은 따로 있다.

이번에는 동사를 부정하는 법에 대해서 공부해 보자.

1그룹	부정형	2그룹	부정형	3그룹	부정형
書く(か) 쓰다	かかない 쓰지 않다	食べる(た) 먹다	たべない 먹지 않다	来る(く) 오다	こない 오지 않다
飲む(の) 마시다	のまない 마시지않다ㅁ	見る(み) 보다	みない 보지 않다	する 하다	しない 하지 않다
話す(はな) 이야기하다	はなさない 이야기하지 않다	入れる(い) 넣다	いれない 넣지 않다		
行く(い) 가다	いかない 쓰지 않다	教える(おし) 가르치다	おしえない 가르치지 않다		

부정형의 규칙

1그룹 동사

-く, -ぐ ···› -かない, -がない

-む ,-ぬ ,-ぶ ···› -まない, -なない, -ばない

-う,-つ, -る, -す ···› -わない, -たない, -らない, -さない

끝이 끝나는 것에 따라 위와 같이 u음을 a음으로 바꿔 주고 ない를 붙인다.

2그룹 동사 **-る** ···› **-ない** る를 떼고 ない를 붙인다.

3그룹 동사 **こない, しない** 예외 2개뿐이 없다.

예 1그룹 本(ほん)を 買(か)わない。 책을 사지 않다.

1 그룹 동사의 **-う**음으로 끝나는 것은 **-あない**가 아니라 **-わない**로 바뀐다.

2그룹 テレビを 見(み)ない。 TV를 보지 않다.

3그룹 先生(せんせい)が 来(こ)ない です。 선생님이 오지 않습니다.

ない뒤에 **です**를 붙이면, **ないです**가 되어 **하지 않습니다**의 정중한 뜻이 된다.

술의 종류

- お酒[さけ] 술
- 日本酒[にほんしゅ] 일본술 정종, 청주
- ビール[beer] 맥주
- ワイン[wine] 와인
- シャンペン[champagne] 샴페인
- ウィスキー[whisky] 위스키

Track 09

문형 연습

1

映画(えいが) / サッカー / コンサート	でも　みに　行(い)かない。

[영화 / 축구 / 콘서트]라도 보러 가지 않을래?

2

飲(の)み / 見(み) / 食(た)べ	に　行(い)く。

[마시 / 보 / 먹으]러 가다.

3

映画(えいが) / ミュージカル / カラオケ	の　かわりに　ドライブは　どう。

[영화 / 뮤지컬 / 노래방 가라오케] 대신에 드라이브는 어때?

今の日本

취미를 물을 때

Track 09

- いつ 始(はじ)まりますか。

  언제 시작합니까?

  ➡ 곧 시작합니다.

- どんな スポーツが 好(す)きですか。

  어떤 스포츠를 좋아합니까?

  ➡ 축구를 가장 좋아합니다.

- 私(わたし)と 映画(えいが)に 行(い)きませんか。

  저와 영화 보러 가지 않겠습니까?

  ➡ 네, 좋습니다.

- 暇(ひま)な 時(とき)は 何(なに)を しますか。

  한가할 때는 무엇을 합니까?

  ➡ TV를 봅니다.

영화관

□ いつ	언제	□ 行く [いく]	가다
□ 始まる [はじまる]	시작되다	□ 暇だ [ひまだ]	한가하다
□ どんな	어느, 어떤	□ とき [時]	때
□ スポーツ [sport]	스포츠		
□ 映画 [えいが]	영화		

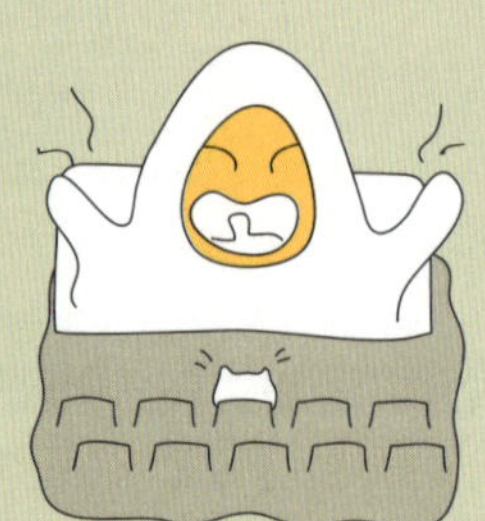

프로야구와 J리그 스포츠에서 인기가 있던 것은 일본도 역시 프로야구였지만, 지금은 프로 축구가 생기면서 양축을 이루고 있다. 일본의 프로 스포츠에는 우리 나라 선수들이 많이 진출해 있기 때문에 우리 나라 사람들도 관심이 많다.

프로 야구는 센트럴리그와 퍼시픽리그로 나뉘어져 시즌을 치르며, 양대 리그의 1위 팀이 日本一(1위)를 두고 겨룬다.

9과 タクシー 택시

まりこ
あー、タクシーが 来(く)るよ。
아-, 탁시-가 구루요

東洙
今日(きょう)は たのしかった。 じゃあ、また。
교-와 다노시깟-따 쟈-, 마따

まりこ
じゃあ、気(き)を つけてね。
쟈-, 기오 쯔께떼네

タクシーの中

東洙
新宿(しんじゅく)まで お願(ねが)いします。
신주쿠마데 오네가이시마스

運転手さん
はい、新宿(しんじゅく)の どちらですか。
하이, 신주쿠노 도찌라데스까

JR(ジェーアール)新宿駅(しんじゅくえき)の 近(ちか)くの 平和(へわ)マンションです。
제-아-루신주쿠에끼노 찌까꾸노 헤-와만숀데스

平和マンションの 近く

この 辺(あた)りですね。
고노 아따리데스네

はい、あそこの マンションの 前(まえ)です。
하이, 아소꼬노 만숀노 마에데스

はい、900円(きゅうひゃくえん)です。
하이, 규-햐꾸엔데스

千円(せんえん)です。
셍엔데스

じゃあ、おつり 100円(ひゃくえん)です。
쟈-, 오쯔리 햐꾸엔데스

ありがとう ございました。
아리가또- 고자이마시따

이번에는 い형용사의 활용에 대해서 공부한다. 이것은 동사의 활용보다 비교적 간단하고 단순하므로 쉽게 익힐 수 있다. 뒤에 나오는 활용의 기본이 되므로 확실히 알아두고 넘어가자.

Track 10

마리꼬 아! 택시가 온다.
동수 오늘 즐거웠어. 다음에 보자.
마리꼬 잘 가, 조심하고.

- タクシー [taxi] 택시
- 今日 [きょう] 오늘
- たのしい [楽しい] 즐겁다, 재미있다
- 気[き]を つける 조심하다

택시 안

동수 신주쿠까지 가 주세요.
운전수 네, 신주쿠 어디입니까?
동수 JR 신주쿠역 근처에 있는 평화맨션입니다.

- JR新宿駅 [ジェーアール しんじゅくえき] JR신주쿠역
- 近く [ちかく] 근처, 주변
- マンション [mansion] 맨션

평화 맨션 근처

운전수 이 주변이지요?
동수 네. 저기 맨션 앞입니다.
운전수 네, 900엔입니다.
동수 1,000엔입니다.
운전수 여기, 잔돈 100엔입니다. 감사합니다.

- 辺り [あたり] 주변, 주위
- 前 [まえ] 앞
- 900円 [きゅうひゃくえん] 900엔
- 千円 [せんえん] 천엔
- おつり [お釣り] 거스름 돈
- 100円 [ひゃくえん] 100엔

ポイント Point

1 今日は たのしかった。

今日(きょう)는 오늘이라는 뜻으로, こんにち라고도 읽는다. 이 때는 오늘날, 현재라는 뜻이다. 또한 오늘이라는 뜻으로 本日(ほんじつ)를 쓰면, 정중하고 약간은 격식 있는 표현이 된다.

■ 시간을 나타내는 명사

Track 10

昨日	きのう	어제	今日	きょう	오늘	明日	あした, あす	내일
先週	せんしゅう	지난주	今週	こんしゅう	이번주	来週	らいしゅう	다음주
先月	せんげつ	지난달	今月	こんげつ	이번달	来月	らいげつ	다음달
去年	きょねん	작년	今年	ことし	올해	来年	らいねん	내년

예 今日(きょう)は 8月 15日(はちがつじゅうごにち)です。 오늘은 8월 15일입니다.

そして、明日(あした)は 8月 16日(はちがつ じゅうろくにち)です。 그리고 내일은 8월 16일입니다.

2 じゃ、また。

じゃ는 では의 회화체로, それでは가 줄여져서 된 말이다. また와 함께 쓰여 친한 사람들이나 매일 보는 사람들에게 헤어질 때 하는 인사말이다. 그럼, 다음에 또 보자라는 뜻이 된다.

예 さようなら。 안녕히 가십시오 오랜기간 헤어질 때

じゃあ、またね。 그럼, 다음에 보자.

また、あした。 또 보자.

また、会(あ)いましょう。 또, 만납시다.

おやすみなさい。 잘 쉬십시오. 잠자리에 들거나 밤 늦게 퇴근할 때

3 新宿まで お願いします。

~まで는 **~까지**라는 뜻으로, 거리나 시간을 한정하는 말이다. **~부터**라는 뜻의 **~から**와 자주 호응해서 쓰인다.

~부터 **~까지**

예 休暇(きゅうか)は いつから いつまでですか。 휴가는 언제부터 언제까지입니까?

あの バスは どこまで 行(い)きますか。 저 버스는 어디까지 갑니까?

⋯▸ 新宿(しんじゅく)まで 行(い)きます。 신주쿠까지 갑니다.

4 おつり 100円です。

お釣(つ)り는 **거스름돈**이라는 뜻이다. **지폐**는 **~札(さつ)**라고 하며, **동전**은 **~玉(だま)** 또는 **コイン**이라고 한다. 10,000원을 말할 때, 우리 나라에서는 일만원이나 만원이나 둘 중 한가지를 사용해도 되지만, 일본어에서는 반드시 **一万円(いちまんえん)**이라고 하며 **万円(まんえん)**이라고 하지 않도록 주의해야 한다.

예 500円(ごひゃくえん)の おつりです。 거스름돈 500엔입니다.

一万円札(いちまんえんさつ)でも いいですか。 만엔 짜리 지폐도 괜찮습니까?

い형용사의 과거형

지금까지는 동사든 형용사든 모두 현재 시제에 관해서만 공부했다. 이제부터는 형용사의 과거형에 대해서 알아보기로 하자. **い형용사의 과거형은 과거에 ~했다는 상태나 감정의 과거를 나타낸다.**

그리고 일본어에는 미래형이 없다. 다시 말해서 현재형을 쓰고 문맥에 따라서 현재나 미래의 일로 구분해서 해석하면 되는 것이다.

기본적인 い형용사

기본형	과거형	기본형	과거형
高い(たか) 비싸다 ···›	たかかった 비쌌다	安い(やす) 싸다 ···›	やすかった 쌌다
高い(たか) 높다 ···›	たかかった 높았다	低い(ひく) 낮다 ···›	ひくかった 낮았다
長い(なが) 길다 ···›	ながかった 길었다	短い(みじか) 짧다 ···›	みじかかった 짧았다
大きい(おお) 크다 ···›	おおきかった 컸다	小さい(ちい) 작다 ···›	ちいさかった 작았다
難しい(むずか) 어렵다 ···›	むずかしかった 어려웠다	易しい(やさ) 쉽다 ···›	やさしかった 쉬웠다

활용규칙

과거 표현 **-い ···› -かった**
い를 かった로 바꾼다.
예 おもしろい ···› おもしろ**かった**
재밌다 재미있었다

정중한 과거 표현 **-い ···› -かったです**
い를 かったです로 바꾼다.
예 おもしろい ···› おもしろ**かったです**
재밌다 재미있었습니다

おもしろかったでした 라고 하지 않도록 주의해야 한다.

본문에 나왔던 **たのしかった**도 **たのしい 즐겁다**라는 뜻의 **い 형용사**로, 여기에 **-かった**가 붙어서 과거가 된 것이다. 뜻은 **즐거웠다, 재미있었다**이다. 물론, 형용사이므로 뒤에 명사가 와서 꾸며줄 수 있다.

예 たのしかった　旅行(りょこう)。	즐거웠던 여행
去年(きょねん)の　今(いま)ごろは　とても　たのしかった。	작년 이맘때쯤은 아주 즐거웠다.
たのしい　時間(じかん)でした。	즐거운 시간이었습니다.
映画(えいが)は　どうだった。	영화는 어땠어?
···▸ とても　おもしろかった。	아주 재미있었어.

주요형용사

- **たのしい** 즐겁다, 재미있다 ⟷ **つまらない** 재미없다
- **寒い**[さむい] 춥다 ⟷ **涼しい**[すずしい] 서늘하다
- **暑い**[あつい] 덥다 ⟷ **暖かい**[あたたかい] 따뜻하다

Track 10

1 今日(きょう)は [**たのし** / **寒**(さむ) / **暑**(あつ)] かった。

오늘은 [**재미있** / **추웠** / **더웠**] 었다.

2 [**じゃあ、また** / **またね** / **では、また 明日**(あした) / **また、あとでね**] 。

[**자, 또 만나** / **다시 만나자** / **그럼, 내일 다시** 만나자 / **자, 나중에 다시** 만나자].

3 [**新宿**(しんじゅく)**まで** / **どうぞ よろしく** / **コーヒー** / **これ**] お願(ねが)いします。

[**신주쿠까지** / **잘** / **커피** / **이 것**] 부탁드립니다 (가) 주십시오.

今の日本

택시를 이용할 때

Track 10

- まっすぐ 行(い)って ください。
  똑바로 가 주십시오.

- 駅(えき)まで どのぐらい かかりますか。
  역까지 어느 정도 걸립니까?
  ➡ 여기에서 10분 정도 걸립니다.

- 近(ちか)くに タクシー乗(の)り場(ば)は ありますか。
  근처에 택시 타는 곳이 있습니까?
  ➡ 네, 있습니다.

- 어디까지 가십니까?
  ➡ この 住所(じゅうしょ)まで お願(ねが)いします。
  이 주소까지 가 주십시오.

택시 승차장

まっすぐ [真っすぐ]	곧장, 똑바름, 쭉 곧음	かかる	걸리다, 들다
行く [いく]	가다	近く [ちかく]	근처, 부근
駅 [えき]	역	タクシー乗り場 [taxi のりば]	택시 타는 곳
～ぐらい	정도	住所 [じゅうしょ]	주소

10과 旅行社 여행사

案内 Desk

東洙

旅行(りょこう)を する つもりなんですが。
료꼬-오 스루 쯔모리난데스가

いい ところが ありますか。
이- 도꼬로가 아리마스까

職員

今(いま)までに 旅行(りょこう)した ことは。
이마마데니 료꼬-시따 고또와

これが 初(はじ)めてです。
고레가 하지메떼데스

それでは、京都(きょうと)は いかがですか。
소레데와, 교-또와 이까가데스까

とても きれいだし、見(み)る 所(ところ)も たくさん ありますよ。
도떼모 기레-다시, 미루 도꼬로모 닥상 아리마스요

そうですか、京都(きょうと)へは どんな 行(い)き方(かた)で 行(い)くのが いいですか。
소-데스까, 교-또에와 돈나 이끼까따데 이꾸노가 이-데스까

何日(なんにち)ぐらいの　ご予定(よてい)ですか。
난니찌구라이노 고요떼-데스까

金(きん)、土(ど)、日(にち)の 2泊(にはく) 3日(みっか)です。
깅, 도, 니찌노 니하꾸믹까데스

じゃ、新幹線(しんかんせん)を お勧(すす)めします。
쟈, 싱깐셍오 오스스메시마스

ほかのは 時間(じかん)が ずいぶん
호까노와 지깡가 즈이붕

かかりますから。
가까리마스까라

はい、そう します。
하이, 소- 시마스

한 번 학습하고 나면 24시간 이내에 절반 가량이 잊혀진다. 그 잊혀진 부분은 반복하여 복습을 함으로써 내 것으로 만들 수 있는 것이다. 일본어 학습은 남보다 얼마나 노력을 했느냐에 따라 성공이 보장된다.

안내데스크

동수　여행을 할 예정입니다만,
　　　좋은 곳이 있습니까?
직원　지금까지 여행한 적은?
동수　이번이 처음입니다.

Track 11

- 旅行する [りょこうする] 여행하다
- つもり 예정, 작정
- ところ [所] 장소
- 初めて [はじめて] 처음, 최초

직원　그렇다면, 교토가 어떻습니까?
　　　매우 아름답고, 볼 곳도 많이 있습니다.
동수　그런가요?
　　　교토에는 어떤 방법으로 가는 것이 좋을까요?

- 京都 [きょうと] 교토 〈地名〉
- とても 매우, 아주, 상당히
- きれいだ [奇麗だ] 아름답다
- たくさん 많이
- 行き方 [いきかた] 가는 방법

직원　몇 일 정도 예정입니까?
동수　금, 토, 일의 2박3일입니다.
직원　그럼, 신칸센을 추천합니다.
　　　다른 것은 시간이 상당히 걸리니까요.
동수　그럼, 그렇게 하겠습니다.

- 何日 [なんにち] 몇 일
- 予定 [よてい] 예정
- 金 [きん] 금
- 土 [ど] 토
- 日 [にち] 일
- 2泊 3日 [にはく みっか] 2박 3일
- 新幹線 [しんかんせん] 신칸센
- 勧める [すすめる] 권하다, 추천하다
- ほか [他、外] 다른 것, 이외
- ずいぶん 상당히
- かかる 시간, 비용이 걸리다

ポイント Point

1 旅行する つもりなんですが。

つもり는 **작정, 예정, 계획**이라는 뜻으로, 앞에 ~する형태의 동사가 와서 **~할 작정이다, ~할 예정이다**의 뜻을 나타낸다.

예 日本語(にほんご)の 勉強(べんきょう)を する つもりだ。 일본어 공부를 할 예정이다.

いま 行(い)く つもりです。 지금 갈 작정입니다.

2 今までに 旅行した ことは。

~までに는 **~까지**의 뜻으로 어떠한 일이 최종적으로 행해질 때까지를 의미한다. 즉, 어떤 동작이나 작용이 **までに**로 나타나는 때를 한계로 해서 어떤 시점에 행해짐을 나타낸다. **~まで**는 **~까지**의 뜻이지만 어떤 동작이 일시적으로 행해지는 것이 아니라 그 시점까지 계속해서 이루어지는 것을 나타낸다. 1, 2, 3 중 아무때나 가기만 하면 됨

■ までに와 まで의 구별

~までに

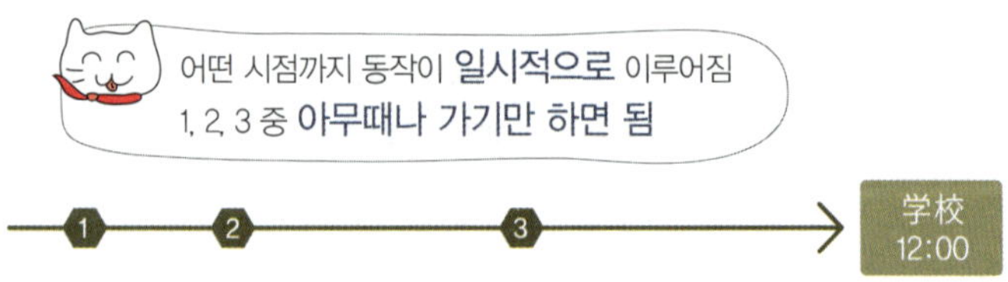

12時(じゅうにじ)までに 学校(がっこう)へ 行(い)きます。 12시까지 학교에 갑니다.

~まで

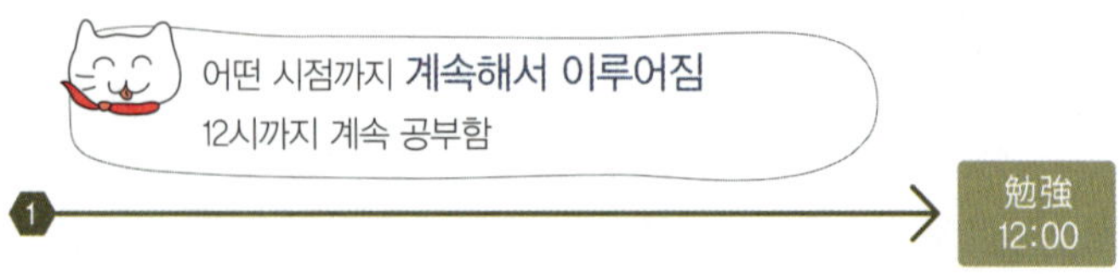

12時(じゅうにじ)まで 勉強(べんきょう)します。 12시까지 (쭈~욱)공부합니다.

3 これが 初(はじ)めてです。

初(はじ)めて는 **처음으로, 첫 번째로, 최초로, 비로소**의 뜻으로 **始(はじ)め**와 구별해서 알아두자. **始(はじ)め**는 동사 **始(はじ)める** 시작하다 에서 나온 명사로 **시작, 개시**의 뜻을 나타낸다.

예 東京(とうきょう)は 初(はじ)めて です。 (初めて: 처음)　　도쿄는 처음입니다.

cf 授業(じゅぎょう)の 始(はじ)めの ベル (始めの: 시작)　　수업 시작 벨

4 とても きれいだし、見る 所も たくさん ありますよ。

①**〜し**는 **〜하고**의 뜻으로 보통, 앞 문장을 받아서 두 가지 이상의 이유를 나열해서 말하거나 추가해서 말할 때 사용한다. 그리고 **또, 게다가**와 같은 감정이 포함되어 있다. 그 형태는 **기본형+し**가 되며 **〜です, 〜ます**뒤에도 올 수 있다.

예 人(ひと)が 多(おお)いね。⇨ 今日(きょう)は 土曜日(どようび)だし、天気(てんき)も いいから。
사람이 많네. ···▸ 오늘은 토요일이고, (게다가) 날씨도 좋으니까.

ここは 料理(りょうり)も おいしいし、値段(ねだん)も 安(やす)いです。
여기는 요리도 맛있고, 값도 쌉니다.

雨(あめ)も 降(ふ)って いるし、風(かぜ)も 吹(ふ)いて いるし、うちに いる つもりです。
비도 오고, 바람도 불고해서, 집에 있을 작정입니다.

② **見(み)るところ**는 **볼 곳**이라는 뜻으로, **ところ**는 **곳, 장소**를 나타내는 명사이다. **동사는 형태가 변하지 않고 기본형 그대로 명사를 꾸며줄 수 있다.** 따라서, 동사 뒤에 명사가 와서 꾸며줄 때는 **~한, ~ㄹ, ~하는** 등으로 해석하면 된다.

> **い형용사**도 마찬가지로 명사를 꾸며줄 때는 형태가 변하지 않는데, **な형용사**는 **だ**가 **な**로 바뀌는 것과 구별해서 알아두자.

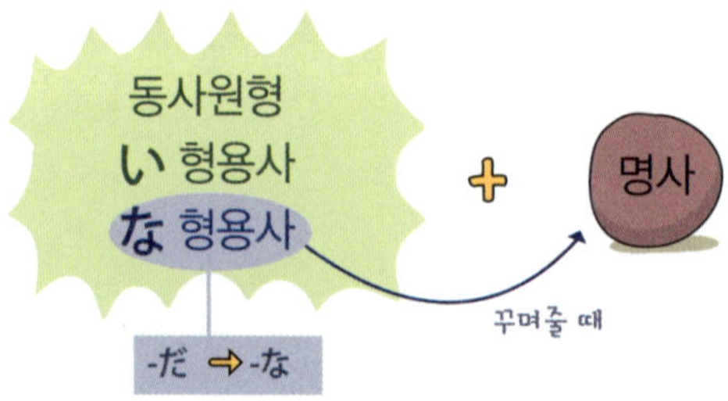

예 ここが 勉強(べんきょう)する 教室(きょうしつ)です。 — 여기가 공부할 교실입니다.

あかい りんご ください。 — 빨간 사과 주세요!

きれいな へやですね。 — 깨끗한 방이군요.

③ **たくさん**은 **많이, 많은**의 뜻으로 **사물이나 사람이 많이 있음**을 나타내며, **특히 사람이 많을 때는 おおぜい라는 말**을 사용하기도 한다.

예 りんごが たくさん あります。 — 사과가 많이 있습니다.

たくさんの 人々(ひとびと)が 来(く)る。 — 많은 사람들이 온다.

おおぜいの 学生(がくせい)たちが います。 — 학생들이 많이 있습니다.

5 どんな 行き方で 行くのが いいですか。

行(い)き方(かた)는 가는 방법, 가는 법이라는 뜻으로, 많이 쓰이는 형태이다. 즉, 동사의 **ます형 + かた**의 형태로 **~하는 법이라는 뜻**을 나타내는 것이다.

동사의 **ます**형 + **方(かた)** ~하는 법

예 使(つか)い方(かた) 사용법

書(か)き方(かた) 쓰는 법

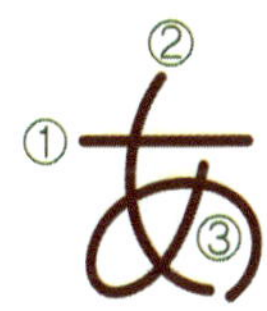

6 何日ぐらいの ご予定ですか。

~ぐらい는 **수량이나 기준을 나타내는 말 뒤에 와서, ~정도의 뜻**을 나타낸다. ~くらい라고도 한다.

예 ここから 10分(じっぷん)ぐらい かかります。 여기에서 10분 정도 걸립니다.

これぐらいなら、十分(じゅうぶん)ですよ。 이 정도라면 충분합니다.

十分(じゅうぶん)だ는 **충분하다**라는 뜻으로 한자에 특히 주의!!

7 金、土、日の 2泊3日です。

요일을 나타내는 말은 **월·화·수·목·금·토·일**이라고 해도 되며, 뒤에 **요일**을 뜻하는 **曜日**(ようび)를 붙이면 된다. 줄여서 **曜**(よう)라고만 해도 된다.

■ 요일 읽는 법

Track 11

月曜日	火曜日	水曜日	木曜日	金曜日	土曜日	日曜日	何曜日
げつようび 월요일	かようび 화요일	すいようび 수요일	もくようび 목요일	きんようび 금요일	どようび 토요일	にちようび 일요일	なんようび 무슨 요일

예 きょうは 何曜日(なんようび)ですか。　　오늘은 무슨 요일입니까?

…› 土曜日(どようび)です。　　토요일입니다.

■ 날짜 읽는 법

1日	2日	3日	4日	5日
ついたち	ふつか	みっか	よっか	いつか
6日	7日	8日	9日	10日
むいか	なのか	ようか	ここのか	とおか

11일부터는 숫자 뒤에 **日**(にち)를 붙이면 된다. 즉 **숫자＋日(にち)로 날짜를 읽는다.**

11일 이상 부터는… 숫자 ＋ 日(にち)

예 5日[いつか]　5일　　　15日[じゅうごにち]　15일

8 新幹線を お勧めします。

お勧めします는 **추천합니다, 권합니다**의 뜻으로, **お + ます형 + する**의 형태로 존경의 뜻을 나타낸다. **お願いする** 부탁합니다도 같은 형태로 자주 나오는 표현이므로, 확실히 알아두자.

お + 勧め + する 　　**추천하다, 권하다.**

예 この 料理を お勧めします。 　이 요리를 추천합니다.

今日の お勧めの 料理。 　오늘의 추천요리

9 ほかのは 時間が ずいぶん かかりますから。

ずいぶん 대단히, 꽤, 상당히와 **かなり 대단히, 꽤, 상당히**는 서로 비교해서 알아두어야 한다. **ずいぶん**이 말하는 사람이 머리 속으로 상상하고 있던 것보다 더해서 놀란 뜻을 표현하는 것에 반해서, **かなり**는 일반적으로 생각하거나 기대한 것보다 더해서 놀랄 때 사용한다.

■ ずいぶん과 かなり의 차이

ずいぶん

상상하고 있던 것보다 더해서 놀란 뜻

彼(かれ)は **ずいぶん** 高(たか)い。　그는 대단히 크다.

그 남자가 생각했던 것 보다 무척 컸다는 뜻

かなり

일반적으로 생각, 기대한 것보다 놀랄 때

今年(ことし)の 冬(ふゆ)は **かなり** 寒(さむ)いです。　올해의 겨울은 대단히 춥습니다.

다른 해 일반적으로 추운 것 보다 더 춥다는 뜻

일본의 결혼식

- 結婚[けっこん] 결혼
- 婚約[こんやく] 약혼
- 見合い[みあい] 중매
- 新郎[しんろう] 신랑
- 新婦[しんぷ] 신부

Track 11

1

旅行(りょこう)する
自動車(じどうしゃ)を 買(か)う
結婚(けっこん)する

つもりなんですが。

[여행할 / 자동차를 살 / 결혼할] 예정입니다만.

2

6時(ろくじ)
水曜日(すいようび)

までに 来(き)ます。

[6시 / 수요일] 까지 오겠습니다.

夜(よる) 12時(じゅうにじ)
日曜日(にちようび)

まで 日本語(にほんご)を 勉強(べんきょう)します。

[밤 12시 / 일요일] 까지 일본어를 공부합니다.

3

とても うつくしい
大(おお)きい
便利(べんり)です

し、 いいですよ。

[매우 예쁘 / 크 / 편리 하] 고, 좋습니다.

今の日本

여행할 때

Track 11

- どの あたりを ご希望(きぼう)ですか。

  어디 근처를 원하십니까?

  ➡ 도쿄를 여행하고 싶습니다만.

- 全部(ぜんぶ)で 何名様(なんめいさま)ですか。

  전부 몇 분이십니까?

  ➡ 4명입니다.

- いつごろですか。

  언제쯤입니까?

  ➡ 다음주나 다다음주입니다.

- 一日(いちにち)の コースは ありますか。

  하루 코스는 있습니까?

  ➡ 네, 있습니다

신칸센

- ☐ あたり[辺り] 주변, 근처
  - ・この あたりは にぎやかです。
  - 이 주변은 번잡합니다
- ☐ 希望 [きぼう] 희망
- ☐ 全部で [ぜんぶで] 전부, 모두
- ☐ 何名様 [なんめいさま] 몇 분(손님)
- ☐ いつごろ 언제쯤
- ☐ 一日 [いちにち] 하루
- ☐ コース [course] 코스

알뜰한 일본여행 일본은 남북으로 길어서 자연이나 사람들의 풍속, 관습이 매우 다양하므로 일본여행을 계획해 보는 것도 좋다. 직접 가서 부딪쳐 보는 것이 어학 공부의 지름길이라는 것은 누구나 아는 일. 물론 물가도 비싸고, 엔화도 높아 엄두를 내지 못할지도 모르지만, 이것저것 따져보면 알차게 갔다올 수도 있다.

* **일본 여행 가이드북** Japan : A Budget Travel Guide, Japanese in Group

11과 ショッピング 쇼핑

アクセサリーの コーナー

店員: いらっしゃいませ。
이랏샤이마세

東洙: あのう、贈(おく)り物(もの)に 何(なに)が いいですか。
아노-, 오꾸리모노니 나니가 이-데스까

店員: ご予算(よさん)は。
고요상와

10,000円(いちまんえん)ぐらいです。
이찌망엥구라이데스

じゃ、こちらの イヤリングは いかがですか。
쟈, 고찌라노 이야링구와 이까가데스까

きれいですね。
기레-데스네

でも 彼女(かのじょ)は あまり イヤリングは しない ほうですから。
데모 가노죠와 아마리 이야링구와 시나이 호-데스까라

じゃ、こちらの ネックレスは。
쟈, 고찌라노 넥쿠레스와

最近(さいきん)、若(わか)い人(ひと)に とても 人気(にんき)が あるんですよ。
사이낑, 와까이히또니 도떼모 닝끼가 아룬데스요

ああ、それが 気(き)に 入(い)りました。いくらですか。
아-, 소레가 기니 이리마시따. 이꾸라데스까

9,000円(きゅうせんえん)で ございます。
규-셍엔데 고자이마스

じゃ、それに します。箱(はこ)に 入(い)れて ください。
쟈, 소레니 시마스. 하꼬니 이레떼 구다사이

かしこまりました。
가시꼬마리마시따

동사의 て형에 관해서 공부한다. 이것을 모르고 넘어가면 일본어를 절대 정복할 수 없다. 모처럼 시작한 일본어 공부를 대부분이 여기에서 이해하지 못하거나 어렵다고 포기한다. 이해가 될 때까지 보고 또 보자.

액세사리 코너

Track 12

직원　어서 오십시오.
동수　저, 선물로 무엇이 좋을까요?
직원　예산은?

- 贈り物 [おくりもの] 선물
- 予算 [よさん] 예산

동수　10,000엔 정도입니다.
직원　그럼, 이쪽의 귀걸이는 어떻습니까?
동수　예쁘네요.
　　　하지만, 그녀는 그다지 귀걸이는 하지 않는 편이라서.

- イヤリング [earing] 귀걸이
- きれいだ [奇麗だ] 아름답다, 예쁘다
- 彼女 [かのじょ] 그녀

직원　그럼, 이쪽의 목걸이는 (어떻습니까)?
　　　최근, 젊은 사람에게 아주 인기가 있습니다.
동수　아, 그게 마음에 드는군요. 얼마입니까?

- ネックレス [necklace] 목걸이
- 最近 [さいきん] 최근, 요즈음
- 若い人 [わかいひと] 젊은 사람
- とても 아주, 상당히
- 人気 [にんき] 인기

직원　9,000엔입니다.
동수　자, 그걸로 하겠습니다.
　　　상자에 넣어 주십시오.
직원　알겠습니다.

- 気に 入る [きに いる] 마음에 들다
- 箱 [はこ] 상자
- 入れる [いれる] 넣다

ポイント Point

1 気に 入りました。

気(き)に 入(い)りました는 **마음에 들다**라는 뜻의 **관용어구**다. 이처럼, 일본어에는 気(き)와 관련된 관용어구들이 많은데, 자주 나오는 것들은 그 발음과 뜻을 구별해서 알아두어야 한다. 그리고 **気는 き, け등으로 발음된다.**

예 人気(にんき) 인기	天気(てんき) 날씨	浮気(うわき) 바람기
人気(ひとけ) 인기척	眠気(ねむけ) 졸음	嫌気(いやけ) 싫증

■ **알아두어야 할 관용어구**

気(き)が ある　관심이 있다	気(き)が ない　관심이 없다, 할 마음 없다
気(き)に する　염려하다, 신경을 쓰다	気(き)を 付(つ)ける　조심하다
気(き)が 付(つ)く　알아차리다	気(き)に 入(い)る　마음에 들다

관용어구란, 일본인의 **일상 생활에서 무의식적으로 쓰는 말**이므로 **일상생활용어** 라고도 한다. 습관적으로 쓰는 말이기 때문에 개개의 낱말만으로는 그 뜻을 파악하기 어려우므로 문법이나 어법으로는 다룰 수 없다.
우리가 흔히 접하는 **인사말을 비롯해서 의성어 · 의태어 · 비유어 · 속담 · 고사성어 등이 관용어구에 속한다**고 할 수 있다. 관용어구를 좀 더 효과적으로 익히기 위해서는 무엇보다 나올 때마다 외워두는 방법이 가장 좋다.

腕(うで)が 立(た)つ	솜씨가 좋다	舌(した)が 長(なが)い	말이 많다
お風呂(ふろ)に 入(はい)る	목욕을 하다	眼鏡(めがね)を かける	안경을 쓰다
頭(あたま)を 洗(あら)う	머리를 감다	ズボンを はく	바지를 입다
顔(かお)を 洗(あら)う	세수를 하다	電話(でんわ)を かける	전화를 걸다
タバコを 吸(す)う	담배를 피우다	電話(でんわ)を きる	전화를 끊다

2 かしこまりました。

かしこまる(畏る)는 **알아모시다, 삼가 명령을 받들다**의 뜻으로 상점이나 레스토랑 등에서 많이 쓰며, 정중함을 나타낸다.

예 これと これ、お願(ねが)いします。 이것과 이것, 주십시오.

⋯▸ かしこまりました。 알겠습니다.

동사의 て형

일본어에서 아주 중요한 **~て형**에 관해서 공부하자. 대부분의 일본어 학습자들이 이 부분에서 포기를 하는 경우가 많은데, 일본어를 마스터하려면 반드시 알고 넘어가야만 한다. 이해가 잘 안되더라도 반복해 익혀, 입에서 술술 나올 수 있도록 하자.

동사가 다른 말과 결합하려면 앞의 동사가 변해야 하는데, ~て가 붙으면서 변화한 것을 て형이라고 한다. 이 형태는 여러 가지 말과 접속해서 많은 뜻을 나타내므로, 그만큼 중요하다.
동사에는 이미 1그룹, 2그룹, 3그룹의 3가지가 있다는 것은 공부했다. 이 그룹에 따라 변화하는 규칙이 다르며, 그 뜻은 **~고/~서, ~아/~어**이다.

다음의 표를 보면서 그 규칙을 알아보자.

	동사원형		て형		활용의 규칙
1그룹 동사	聞く	듣다	きいて	듣고/들어	활용규칙 -く, -ぐ ···▸ -いて(で) -む, -ぬ, -ぶ ···▸ -んで -う, -つ, -る- ···▸ -って 끝이 끝나는 것에 따라 위와 같이 바뀐다. 1그룹 동사 중 예외로, 단 帰る ···▸ かえって 話す ···▸ はなして 行く ···▸ 行って 로 바뀐다.
	書く	쓰다	かいて	쓰고/써	
	泳ぐ	수영하다	およいで	수영하고/수영해	
	飲む	마시다	のんで	마시고/마셔	
	読む	읽다	よんで	읽고/읽어	
	死ぬ	죽다	しんで	죽고/죽어서	
	学ぶ	배우다	まなんで	배우고/배워	
	吸う	피우다	すって	피우고/피워	
	待つ	기다리다	まって	기다리고/기다려	
	ある	있다	あって	있고/있어	
	降る	내리다	ふって	내리고/내려	
	帰る	돌아오다	*かえって	돌아오고/돌아와	
	話す	이야기하다	*はなして	이야기하고/이야기해	
	行く	가다	*いって	가고/가	
2그룹 동사	見る	보다	みて	보고/봐	활용규칙 -る ···▸ -て -る를 떼고 -て를 붙인다.
	食べる	먹다	たべて	쓰고/써	
	起きる	일어나다	おきて	일어나고/일어나	
3그룹 동사	する	하다	して	하고/해	활용규칙 して, きて 예외 2개뿐이 없다.
	来る	오다	きて	오고/와	

1그룹 동사 -く, -ぐ ···› -いて(で)
-む, ぬ, ぶ ···› -んで
-う, つ, る- ···› って

> 1그룹 동사는 2그룹 · 3그룹 동사들과 다르게 변화하는 데 이러한 것을 음편音便이라고 하며, 발음을 보다 쉽게, 편하게 하기 위한 것이다.

かく ···›	かいて	名前(なまえ)を 書(か)いて ください。	이름을 **써** 주십시오.
およぐ ···›	およいで	ここまで 泳(およ)いで きました。	여기까지 **수영해서** 왔습니다.
かう ···›	かって	りんごを 買(か)って ください。	사과를 **사** 주십시오.
のる ···›	のって	バスに 乗(の)って ください。	버스를 **타** 주십시오.
まつ ···›	まって	ここで 待(ま)って ください。	여기서 **기다려** 주십시오.
のむ ···›	のんで	お酒(さけ)を 飲(の)んで います。	술을 **마시고** 있습니다.
とぶ ···›	とんで	鳥(とり)が 飛(と)んで きました。	새가 **날아** 왔습니다.
はなす ···›	はなして	話(はな)して ください。	**이야기 해** 주십시오.

예외 1 1그룹 동사에서는 **む, ぬ, ぶ ···› ~んで**로 변화하는 것도 기억하자. 이것은 발음을 더욱 편하게 하기 위해서이다.

예외 규칙 1
む, ぬ, ぶ ···› ~んで

예외 2 **行(い)く**는 -**く**로 끝났지만 **行(い)いて**가 아니라 **行(い)って**로 변한다. 같은 발음 **い**가 겹쳐지기 때문이다.

예외 규칙 2
~~行いて~~ ···› 行って

예외 3 -**す**로 끝나는 동사는 -**して**로 변한다.

예외 규칙 3
~す ···› ~して

2그룹 동사 **-る ··· -て** -る를 떼고 -て를 붙인다.

예 これを 見(み)て ください。 이것을 **봐** 주십시오.

氷(こおり)を 入(い)れて ください。 얼음을 **넣어** 주십시오.

3그룹 동사 **きて, して** 예외 2개뿐이 없다.

예 6時(ろくじ)までに 来(き)て ください。 6시까지 **와** 주십시오.

これを して ください。 이것을 **해** 주십시오.

장신구

- アクセサリー[accessory] 액세서리
- イヤリング[earing] 귀걸이
- ネックレス[necklace] 목걸이
- 指輪[ゆびわ], リング[ring] 반지
- ブレスレット[bracelet] 팔찌

Track 12

1

それ	が	気(き)に　入(い)りました。
ネックレス		
青(あお)いの		

[그것 / 목걸이 / 파란 것] 이 마음에 듭니다.

2

これを	聞(き)い	て(で)　ください。
	読(よ)ん	
	持(も)っ	
	食(た)べ	
	し	

이것을 [들어 / 읽어 / 가져 / 먹어 / 해] 주세요.

今の日本

쇼핑할 때

Track 12

- 무엇을 찾으십니까?

  ➡ ただ、見(み)て いる だけです。
  그냥 구경만 하는 겁니다.

- 色(いろ)は これだけですか。
  색깔은 이것뿐입니까?

  ➡ 여러가지 있습니다.

- はいて みても いいですか。
  신어 봐도 괜찮습니까?

  ➡ 네, 신어 보십시오.

- 着(き)て みても いいですか。
  입어 봐도 괜찮습니까?

  ➡ 네, 입어보십시오.

기모노

☐ ただ　다만, 단지
・ただ それだけだ 단지 그것뿐이다.

☐ 色 [いろ]　색, 색깔
・いろいろな 花[はな] 여러 가지 꽃

☐ ～だけ　～만, ～뿐
・それだけ お願いします 그것만 부탁합니다.

☐ はく [履く]　(신발을) 신다

☐ 着る [きる]　입다

쇼핑장소 デパート 百貨店 department store 일상 생활용품에서 옷, 가전, 고급 보석, 모피 등 갖가지 물건들이 있다. 가격이 높은 만큼 서비스가 좋다.

リサイクル・ショップ recycle shop

리싸이클점에서는 중고품이나 오래된 물건 등을 팔고 있다. 중고품은 새 것보다 싸고 가격을 흥정해서 더 싸게 살수도 있다. 유학생들이나 일본에서 새로 생활을 시작하는 사람들은 이곳에서 물건을 구입해 쓰기도 한다.

CD · 레코드 리싸이클점

スーパー・マーケット supermarket

우리나라의 슈퍼마켓이나 E-마트 등과 같으며, 각종 식료품과 일용품들을 판다. 자유롭게 물건을 집어서 출구쪽에서 계산을 하면 된다. 가격은 정가보다 약간 싸며, 큰 곳은 가전제품이나 가구 등을 파는 곳도 있다. 전국적으로 체인을 가지고 있는 곳도 있다. 저녁쯤에 가면 유효기간이 짧은 식품들은 할인해서 판다.

12과 食堂 식당

店員: いらっしゃいませ。メニューを どうぞ。
이랏샤이마세. 메뉴-오 도-조

東洙: えー、今日(きょう)の 日替(ひが)わり ランチは 何(なん)ですか。
에-, 교-노 히가와리 란치와 난데스까

店員: えびてんぷらの 定食(ていしょく)です。
에비뗌뿌라노 데-쇼꾸데스

東洙: そうですか。じゃ、それ 2人前(ににんまえ) ください。
소-데스까. 자, 소레 니님마에 구다사이

店員: はい、かしこまりました。
하이, 가시꼬마리마시따

定食を 見ながら

東洙: これは どう やって 食(た)べるんですか。
고레와 도- 얏떼 다베룬데스까

店員: それは、天(てん)つゆに 大根(だいこん)おろしを 入(い)れて、
소레와, 텐쯔유니 다이꽁오로시오 이레떼

それに つけて 食(た)べるんです。
소레니 쯔께떼 다베룬데스

東洙: こう するんですか。
고- 스룬데스까

店員: そうです。
소-데스

東洙: これは 何(なん)ですか。
고레와 난데스까

店員: つけものです。
쯔께모노데스

一度(いちど)、味(あじ)を みて ください。
이찌도, 아지오 미떼 구다사이

점원　어서 오십시오. 여기 메뉴 있습니다.
동수　저, 오늘의 날짜별 요리는 무엇입니까?
점원　새우튀김 정식입니다.
동수　그렇습니까? 그럼, 그것 2인분 주십시오.
점원　잠시 기다려 주십시오.

Track 13

- メニュー [menu]　메뉴
- 日替わり [ひがわり]　일별교체 〈날마다 바뀌는 것〉
- ランチ [lunch]　점심
- えび　새우
- てんぷら [天ぷら]　튀김
- 定食 [ていしょく]　정식
- ～人前 [にんまえ]　~인분
- 待つ [まつ]　기다리다

정식을 보면서

동수　이것은 어떻게 먹습니까?
점원　그것은, 튀김간장에 무즙을 넣어서, 그것에 찍어 먹습니다.

- やる　하다
- 食べる [たべる]　먹다
- 天つゆ [てんつゆ]　튀김 간장
- 大根おろし [だいこんおろし]　무즙
- 入れる [いれる]　넣다
- つける [漬ける]　담그다, 적시다

동수　이렇게 하는 겁니까?
점원　그렇습니다.
동수　이것은 무엇입니까?
점원　쯔께모노입니다.
　　　한 번, 먹어 보세요.

- いう [言う]　말하다
- つけもの [漬け物]　채소절임
- 一度 [いちど]　한 번
- 味 [あじ]　맛
- みる [見る]　보다

ポイント Point

1 今日の 日替わ りランチは 何ですか。

日替(ひが)わり는 일별 교체 날마다 바뀜 의 뜻으로, 상점 등에서 날마다 특정의 물건을 바꿔가면서 내놓는 것을 의미한다. 주로 음식점들이 점심시간을 겨냥해서 내어놓는 곳이 많으며 가격도 싸고 맛도 괜찮으므로, 그 날의 식단을 미리 알아보고 이용하는 것도 지혜다.

예 今日(きょう)の 日替(ひが)わりの 料理(りょうり)　　오늘의 일별요리

お昼(ひる)の おすすめ セット　　점심 추천 세트

昼(ひる)는 점심 즉 lunch와 같다.

점심 추천 메뉴

2 2人前 お願いします。

～人前(にんまえ)는 ～인분 이라는 뜻으로 음식점에 가서 주문할 때 사용하는 표현이다. 前(まえ)만 쓰이면 앞, 먼저라는 뜻이지만, 인원수에 해당하는 말과 함께 분, 몫의 뜻을 나타낸다.

～人前(にんまえ)　～인분

■ 사람을 세는 방법

よんにん이 아님에 주의

1人	2人	3人	4人	5人
ひとり	ふたり	さんにん	よにん	ごにん
6人	7人	8人	9人	10人
ろくにん	しちにん	はちにん	きゅうにん	じゅうにん

1人, 2人은 특별하게 읽는다. 단, ～人前(にんまえ)와 함께 쓰일때는 いちにんまえ, ににんまえ라고 한다.

예 5人前 ください。　　5인분 주십시오.

一人前、1000円ずつ お願いします。　　한 사람 당 1,000엔씩 주십시오.

3 定食を 見ながら。

~ながら는 **~하면서**의 뜻으로 한 사람이 두 가지의 행동을 동시에 하는 것을 나타낼 때 사용하는 표현이다. 주로 **~ながら** 뒤에 오는 동사에 중점이 놓여지며, **ます형**에 **~ながら**가 붙는다.

동사의 **ます**형 + **~ながら**　　**~하면서**

예 新聞を 見ながら コーヒーを 飲む。　　신문을 보면서 커피를 마시다.

お茶でも 飲みながら 話しましょう。　　차라도 마시면서 이야기합시다.

4 これは どう やって 食べるんですか。

どうやって는 **어떻게 해서** 라는 뜻으로, 방법을 묻는 표현이다. 이때의 **やる**는 **하다**라는 뜻이다.

예 これは どう やるの。　　이것은 어떻게 하지?

刺身は どう 食べますか。　　회는 어떻게 먹습니까?

5 それに つけて 食べるんです。

①つけて 食(た)べるは 찍어 먹다라는 뜻으로, 찍다와 먹다라는 동사가 결합한 것이다. 앞에서도 배웠지만, つけるは -eru로 끝나는 2그룹동사로 る를 떼고 て를 붙이기만 하면 되며 つけて가 되어 찍어서/찍어 의 뜻이 된다.

つける ＋ たべる	····›	つけて たべる
찍다 먹다	て형으로 활용	찍어 먹다

뒤에 오는 동사는 ください 주십시오 외에 여러 가지 동사가 올 수 있으므로, 그 때 그 때 상황에 맞게 붙이면 된다.

예 学校(がっこう)へ 行(い)って 勉強(べんきょう)を します。　학교에 가서 공부를 합니다.

日本(にほん)へ 来(き)て 友達(ともだち)に 会(あ)いました。　일본에 와서 친구를 만났습니다.

~를 만나다는 조사に를 씀에 주의

②~んです의 ~ん는 ~のです의 ~の가 변해서 된 말로, 회화체에서 사용하는 말이다. 뜻은 ~인 것입니다로 の는 형식명사이며, 회화체에서 무언가를 강조하거나 또는 말하는 사람이 상대방의 대답이나 설명을 바랄 경우에 많이 사용하는 표현이다.

예 どうやって 行(い)くんですか。　어떻게 갑니까?

가는 방법을 가르쳐 주십시오의 뜻이 들어 있다.

····› バスに 乗(の)って 行(い)くんです。　버스를 타고 갑니다.

6 味を みて ください。

味(あじ)を みて ください와 같이 일본어에서는 직접적으로 명령어를 잘 사용하지 않는데, 친구나 가까운 사이가 아닐 때에는 대개 **~て ください**를 써서 무엇을 부탁하거나 공손한 명령의 의미를 나타낸다. 또한, 친구나 가까운 사이에서는 **ください**를 생략하고 **味(あじ)を みて 맛을 봐** 와 같이 **て형** 만을 사용해서 명령의 뜻을 나타낸다.

공손한 명령

~て ください。 ~해 주십시오

가까운 사이에서의 명령

~て。 ~해

예 りんごを 食(た)べて ください。 사과를 드십시오. 공손한 표현

cf りんごを 食(た)べて。 사과 먹어. 친구사이

동물 動物 [どうぶつ]

- 犬[いぬ] 개
- 牛[うし] 소
- 馬[うま] 말
- 豚[ぶた] 돼지
- 猫[ねこ] 고양이
- 兎[うさぎ] 토끼
- 猿[さる] 원숭이

Track 13

1

今日[きょう]の　日替[ひが]わり　ランチ	は　何[なん]ですか	。
	は　牛丼[ぎゅうどん]です	
	を　ください	

오늘의 날짜별 점심 [은 무엇입니까? / 은 소고기 덮밥입니다. / 을 주십시오.]

일본식 소고기 덮밥

2

これを	買[か]っ	て	みる	。
	使[つか]っ		ください	
	食[た]べ			

이것을　[사 / 사용해 / 먹어]　[보겠다 / 주십시오.]

今の日本

しょくどう
식사할 때

- お一人(ひとり)様(さま)ですか。

  한 분이십니까?

  ➡ 네, 그렇습니다.

- ご注文(ちゅうもん)を どうぞ。

  주문하십시오.

  ➡ 정식 1인분 주십시오.

- どうぞ、めしあがって ください。

  어서 드십시오.

  ➡ いただきます。

  잘 먹겠습니다.

- ごちそうさまでした。

  잘 먹었습니다.

Track 13

우동 & 오야꼬동

□ 一人 [ひとり]	한 명
□ ～様 [さま]	사람이나 신 등을 높여 부르는 말 ～님, 분
□ 注文 [ちゅうもん]	주문
□ めしあがる [召し上がる]	잡수시다, 드시다
□ いただく	받들다
□ ごちそう	맛있는 음식

13과 不動産屋 부동산

不動産

東洙　ごめんください。アパートを 探(さが)して いるんですけど。

不動産屋　ご予算(よさん)は。

4万円(よんまんえん)ぐらいのは ありませんか。

洋室(ようしつ)で、台所(だいどころ)と トイレが ついて います。

それは 何階(なんかい)ですか。

2階(にかい)です。

どの 辺(へん)ですか。

新宿駅(しんじゅくえき)から 自転車(じてんしゃ)で 5~6分(ごろっぷん)の ところで、
すぐ 前(まえ)が 公園(こうえん)なので、風通(かぜとお)しが いいですよ。

なかなか よさそうですね。

時間(じかん)が あれば、今(いま) ご案内(あんない)いたしましょうか。

そうですね。
じゃ、見(み)せて くださいませんか。

さあ、どうぞ。

통찰력이 있는 학습자는 한글로 토를 달았던 것이 없어진 것을 알 수 있을 것이다. 이제는 자유자재로 읽을 수 있어야만 한다. 그렇지 못한 학습자는 더 이상 진도를 나가지 말고 되돌아가서 공부하는 것이 현명하다.

Track 14

부동산

동수 실례합니다. 아파트를 찾고 있습니다만.
직원 예산은?
동수 4만엔 정도 하는 것이 있습니까?

- アパート [apartment] 아파트
- 探す [さがす] 찾다
- 予算 [よさん] 예산

직원 서양식으로, 부엌과 화장실이 달려 있습니다.
동수 그것은 몇 층입니까?
직원 2층입니다.

- 洋室 [ようしつ] 양실, 서양식방
- 台所 [だいどころ] 부엌
- トイレ [toilet] 화장실
- つく [付く] 붙다, 달려있다
- 何階 [なんかい] 몇 층

동수 어디쯤입니까?
직원 신주쿠역에서 자전거로 5,6분 정도로,
바로 앞이 공원이라서, 통풍이 좋습니다.
동수 꽤 괜찮을 것 같군요.

- 辺 [へん] 근처, 부근
- 新宿駅 [しんじゅくえき] 신주쿠역
- 自転車 [じてんしゃ] 자전거
- すぐ 바로
- 前 [まえ] 앞
- 公園 [こうえん] 공원
- 風通し [かぜとおし] 통풍
- なかなか 꽤, 좀처럼

직원 시간이 있으면, 지금 안내해 드릴까요?
동수 그렇군요. 그럼, 보여 주시겠습니까?
직원 자, 가시지요.

- 時間 [じかん] 시간
- 案内 [あんない] 안내
- 見せる [みせる] 보이다

ポイント Point

1 洋室で、台所と トイレが ついて います。

①～で는 ～(로)서, ～으로써의 뜻으로 어떠한 상태나 사정을 나타낸다. 이 외에도 ～で는 여러가지의 의미를 나타내는데 그 의미의 차이를 알아보면 다음과 같다.

～で ～로, 으로써

■ で 의 여러 가지 의미

～(로)서, ～으로써 공손한 표현	
예 これで 終(おわ)ります。	이것으로써 끝마치겠습니다.
～로 수단이나 방법	
예 自転車(じてんしゃ)で 学校(がっこう)へ 行(い)きます。	자전거로 학교에 갑니다.
～에서 어떤 동작을 하는 장소	
예 デパートで シャツを 買(か)います。	백화점에서 샤츠를 삽니다.
～에, ～으로 시간이나 수량	
예 3枚(さんまい)で 100円(ひゃくえん)です。	3장에 100엔입니다.
～에서 어떠한 범위에서 무엇인가를 선택할때 그 범위 전체	
예 会社(かいしゃ)で 山田(やまだ)さんが いちばん 若(わか)いです。	회사에서 야마다씨가 가장 젊습니다.
～(으)로, 때문에 원인이나 이유	
예 雪(ゆき)で バスが 来(き)ません。	눈 때문에 버스가 오지 않습니다.

②~と는 어떤 사물을 구체적으로 **전부 열거**해서 말하는 것으로, ~や와 차이가 있다. ~や는 많은 물건 중에서 전부 열거하는 것이 아니라 **두, 세 개 정도만 예를 들어 말하는 것**이다.

~と , ~や ~など

예 机(つくえ)の 上(うえ)に 本(ほん) と ペンが ある。 책상 위에 책과 펜이 있다.

책상 위에 오직 책과 펜만 있음

机(つくえ)の 上(うえ)に 本(ほん) や ペンが ある。 책상 위에 책이랑과 펜이 있다.

책상 위에 책과 펜 이외에 다른 물건도 있음

그리고 **や뒤에는 など가 호응해서 자주 쓰인다.**

예 机(つくえ)の 上(うえ)に 本(ほん)や ペン などが ある。 책상 위에 책과 펜이등이 있다.

■ と의 여러 가지 의미

~와 함께 사람을 나타내는 말과 함께 쓰일 때

예 あなたと 本(ほん)を 読(よ)む。 너와 함께 책을 읽는다.

비교의 대상 구체적인 것을 들어서 비교할 때

예 コーヒーと ミルクと、どちらが いいですか。 커피와 우유 중, 어느 쪽이 좋습니까?

~라고 と가 思(おも)う, 言(い)う의 앞에 올 때

예 あした 雨(あめ)が 降(ふ)ると 思(おも)います。 내일 비가 올 거라고 생각합니다.

2 なかなか よさそうですね。

①**なかなか**는 뒤에 오는 말에 따라 그 의미가 달라진다. 여기에서처럼 **(1)꽤, 상당히, 제법**의 뜻을 나타내기도 하며, 뒤에 (2)부정하는 말이 오면 **좀처럼 ~하지 않다**의 뜻이 된다.

なかなか

(1) **꽤, 상당히, 제법**　　なかなか 寒(さむ)いですね。
꽤, 상당히 춥군요.

(2) **좀처럼 ~하지 않다**　　バスが なかなか 来(こ)ない。
버스가 좀처럼 오지 않는다.

②**~そうだ**는 ~일 것 같다는 뜻으로, **い형용사**, **な형용사**, **동사**에 붙어서 **아마 ~한 상태일 것이다**라는 의미를 나타낸다. 규칙에 따라 변화한다.

い형용사/な형용사/동사 + ~そうだ　~일 것 같다

い형용사 -い ⇨ -そうだ		な형용사 -だ ⇨ -そうだ		동사 -ます형 + -そうだ	
おいしい 맛있다	おいしそうだ 맛있을 것 같다	元気だ 건강하다	げんきそうだ 건강할 것 같다친	降る 내리다	ふりそうだ 내릴 것 같다
うれしい 기쁘다	うれしそうだ 기쁠 것 같다	親切だ 친절하다	しんせつそうだ 절할 것 같다	落ちる 떨어지다	おちそうだ 떨어질 것 같다
よい 좋다	*よさそうだ 좋을 것 같다	便利だ 편리하다	べんりそうだ 편리할 것 같다	する 하다	しそうだ 할 것 같다
ない 없다	*なさそうだ 없을 것 같다	不便だ 불편하다	ふべんそうだ 불편할 것 같다	始める 시작하다	はじめそうだ 시작할 것 같다

* **よい(良い)**와 **ない(無い)**는 **い ⋯› さそうだ** 로 바뀌는 것에 주의하자.

예 この バナナは おいしそうだ。　이 바나나는 맛있을 것 같다.

これは おいしくなさそうだ。　이것은 맛 없을 것 같다.

その 子(こ)は 元気(げんき)そうです。　그 아이는 건강할 것 같습니다.

授業(じゅぎょう)を 始(はじ)めそうです。　수업을 시작할 것 같습니다.

3 今ご案内いたしましょう。

① 至(いた)す는 する의 정중한 표현이다. お＋명사＋する는 정중한 표현을 나타내는데, する대신에 いたす를 쓰면 더욱 정중한 표현이 되는 것이다.

お/ご ＋ 명사 ＋ いたす 정중한 표현

예 お願(ねが)いいたします。 부탁드리겠습니다.

ご説明(せつめい)いたします。 설명드리겠습니다.

失礼(しつれい)いたします。 실례하겠습니다.

② ～ましょうか는 ～할까요? 의 뜻으로 상대방에게 도움이 되거나 은혜를 베푸는 일 등을 말할 때 사용한다.

～ましょうか 상대방 의향을 물을 때

예 タクシーを 呼(よ)びましょうか。 택시를 부를까요?

…› はい、お願(ねが)いします。 네, 부탁합니다. 불러 주세요

いいえ、けっこうです。 아니오, 괜찮습니다.

그리고 ～ましょう로 쓰여 ～합시다, ～하자의 의미를 뜻해서 듣는 사람에게 무엇인가를 하자는 권유, 제안 을 나타내기도 한다.

～ましょう 권유, 제안

예 では、行(い)きましょう。 그럼, 갑시다.

じゃ、飲(の)みましょう。 자, 마십시다.

～て+いる/ある

동사의 **て형**과 いる, ある가 합쳐져서, **진행이나 어떠한 결과의 상태를 나타낸다.** 주의할 것은 **～て いる**는 앞에 오는 동사가 자동사이냐 타동사이냐에 따라서 의미가 달라진다. 그리고 **～て ある**는 상태만을 나타낸다. 자동사에는 **ある**가 붙는 표현은 없다.

그럼 자동사, 타동사는 어떻게 구별할까?

보통, 자동사는 목적어를 필요로 하지 않기 때문에 앞에 주로 **～が 이/가, ～は 은/는**과 같은 조사가 오며, 타동사는 목적어가 있어야 하기 때문에 주로 **～を 을/를**과 같은 조사가 온다. 예외도 있으나 일반적인 구별방법이다.

자동사		타동사	
開く(あ)	열리다	開ける(あ)	열다
閉まる(し)	닫히다	閉める(し)	닫다
上がる(あ)	오르다	上げる(あ)	올리다
付く(つ)	붙다	付ける(つ)	붙이다

형태	예문	
자동사 + て いる 상태	ドアが 開(あ)いて いる	문이 열려 있다
타동사 + て いる 진행	ドアを 開(あ)けて いる	문을 열고 있다
타동사 + て ある 상태	ドアが 開(あ)けて ある	문이 열려 있다

예 窓(まど)が しまって います。 — 창문이 닫혀 있습니다.
자동사 + **いる** 상태

窓(まど)を しめて います。 — 창문을 닫고 있습니다.
타동사 + **いる** 진행

窓(まど)が しめて あります。 — 창문이 닫혀 있습니다.
타동사 + **ある** 상태

마실 것 飲み物[のみもの]

- ミルク[milk] 우유
- コーヒー[coffee] 커피
- 紅茶[こうちゃ] 홍차
- 麦茶[むぎちゃ] 보리차
- ミネラルウォーター 미네랄 워터
- ジュース[juice] 쥬스
- コーラ[cola] 콜라
- お茶[おちゃ] 녹차
- おひや 마시는 물 냉수

Track 14

1

台所(だいどころ)	と	トイレ	が	あります。
パン		ミルク		
りんご		いちご		
漫画(まんが)		小説(しょうせつ)		

[부엌과 화장실 / 빵과 유유 / 사과와 딸기 / 만화와 소설]이 있습니다.

2

なかなか	よさそうですね	。
	暑(あつ)いですね	
	来(き)ませんね	

(꽤 / 좀처럼) [좋을 것 같군요 / 덥군요 / 오지 않는군요].

3

見(み)せ	て　くださいませんか。
書(か)い	
待(ま)っ	

[보여 / 써 / 기다려] 주시지 않겠습니까?

今の日本

ふどうさんや
부동산에서

Track 14

- アパートを 探(さが)して いるんですけど。

  아파트를 찾고 있습니다만.

  ➡ 좋은 물건이 나와 있습니다.

- 部屋(へや)を ちょっと 見(み)せて ください。

  방을 좀 보여 주십시오.

  ➡ 예, 이쪽으로 오십시오.

- 洋室(ようしつ)ですか、和室(わしつ)ですか。

  서양식 방입니까, 일본식 방입니까?

  ➡ 일본식 방입니다.

- 家賃(やちん)の 支払(しはら)いは いつですか。

  월세의 지불은 언제입니까?

  ➡ 월말입니다.

다다미방 (일본식 방)

- ☐ アパート [apartment] 아파트 ›› 우리나라의 맨션개념
- ☐ 探す [さが] 찾다
- ☐ 部屋 [へや] 방
- ☐ 見せる [みせる] 보여주다
- ☐ 洋室 [ようしつ] 서양식 방
- ☐ 和室 [わしつ] 일본식 방 ›› 다다미방
- ☐ 家賃 [やちん] 집세 (월세)
  - · 家賃を 払う [はらう] 집세를 지불하다
- ☐ 支払い [しはらい] 지불
- ☐ いつ 언제

방을 계약하려면? 일본의 땅값은 세계에서 제일 높은 편이다. 특히 東京도쿄의 경우, 우리나라의 큰 화장실 만한 곳에서 생활하는 사람도 있을 정도다. 그리고 젊은이들은 대학을 다닐때부터 독립해 **ひとりぐらし**라고 해서 혼자서 생활하는 사람들이 많다. 이렇게 새로 생활하려면 우선, 방을 구해야 하는데 땅값이 비싼 만큼 집세도 비싸다.

고다츠(탁자식 전기난로)

14과 電話 전화

山本の母 もしもし、山本(やまもと)です。

東洙 もしもし、山本順子(やまもとじゅんこ)さん お願(ねが)いします。

順子(じゅんこ)は 今(いま)、外出(がいしゅつ)して いますが。

あー、いらっしゃいませんか。

8時(はちじ)か 8時(はちじ) 半(はん)ごろ 帰(かえ)ってくると 言(い)って いましたが。

じゃ、9時(くじ)ごろ もう 一度(いちど) お電話(でんわ)します。

9時ごろ

もしもし、金東洙(キムドンス)と 申(もう)しますが、
順子(じゅんこ)さん いらっしゃいますか。

まだ、帰(かえ)って 来(こ)ないんですが。

では、すみませんが、
私(わたし)の 方(ほう)に 電話(でんわ)するように 伝(つた)えて ください。

電話番号(でんわばんごう)は 知(し)って いますか。

はい、知(し)って いると 思(おも)います。

전화하는 요령에 대해서 공부한다. 시간을 말하는 법에 대해서도 학습하는데, 일본어에서는 숫자 뒤의 분이나 초를 말할 때 발음이 틀려진다. 하나하나 외우는 것이 귀찮더라도 꼼꼼히 체크하며 정확히 외우자.

Track 15

야마모또 母	여보세요, 야마모또입니다.
동수	여보세요, 야마모또 준꼬씨 부탁드립니다.
야마모또 母	준꼬는 지금, 외출했습니다만.

- もしもし　여보세요
- 山本 [やまもと]　야마모또 姓
- 順子 [じゅんこ]　준꼬 人名
- 外出する [がいしゅつする]　외출하다

동수	아, 지금 안 계십니까?
야마모또 母	8시나 8시30분 정도 돌아올 거라고 말했습니다만.
동수	그럼, 9시쯤 다시 한번 전화하겠습니다.

- いらっしゃる　오시다, 가시다, 계시다
- 時 [じ]　시
- 半 [はん]　반
- 帰る [かえる]　돌아오다
- もう 一度 [いちど]　한번 더
- 電話する [でんわする]　전화하다

9시쯤

동수	여보세요, 김동수라고 합니다만, 준꼬씨 계십니까?
야마모또 母	아직, 돌아오지 않았습니다만.
동수	그럼, 죄송하지만, 제 쪽으로 전화 좀 해달라고 전해 주십시오.

- まだ　아직
- 来る [くる]　오다
- ~方 [ほう] 방향을 나타내는 말　~쪽
- 伝える [つたえる]　전하다

야마모또 母	전화번호는 알고 있습니까?
동수	알고 있을 거라 생각합니다.

- 電話番号 [でんわばんごう]　전화번호
- 知る [しる]　알다

ポイント Point

1 もしもし、山本です。

もしもし는 **여보세요**라는 뜻으로 **もうしもうし**가 줄여서 된 말이다. 전화에서 상대방을 부를때 쓰는 말로 영어의 Hello에 해당한다. 간혹, 길거리나 상점에서 전혀 모르는 사람에게 말을걸 때 사용하기도 한다.

예 もしもし、大橋(おおはし)と 申(もう)しますが。 여보세요, 오오하시라고 합니다만.

もしもし、ちょっと 聞(き)きたいんですが。 여보세요, 잠깐 말 좀 묻겠습니다.

2 いらっしゃいませんか。

いらっしゃいませんか는 **안 계십니까?**의 뜻으로, 기본형은 **いらっしゃる**이다. 이 말은 **가다, 오다, 있다**의 경어 표현으로 **가시다, 오시다, 계시다**의 뜻이 되므로, 문맥에 따라서 알맞게 해석하면 된다.

단, **ます**를 붙일 때 **いらっしゃります**가 아니라 **いらっしゃいます**가 되는 것에 주의하자.

いらっしゃいます **가시다, 오시다, 계시다** 경어표현

예 先生(せんせい)は いらっしゃいますか。 선생님은 계십니까?

よく いらっしゃいました。 잘 오셨습니다.

일반상점에서는 어서오십시오. **いらっしゃいませ。**라고 말하면서 손님을 맞이한다.

3 8時か、8時半ごろ 帰って くると 言って いましたが。

①시간표현은 **時**, **分** 등이 있는데, 일본어로는 **じ**, **ふん**이라고 하며, 숫자 뒤에 붙이면 된다. 숫자에 따라 발음이 달라지는 것이 있으므로 주의해서 외워두자.

숫자 + 時(じ) ~시

Track 15

■ **시간 읽기**

1時	2時	3時	4時	5時	6時	7時
いちじ	にじ	さんじ	よじ	ごじ	ろくじ	しちじ
8時	9時	10時	11時	12時	何時	~시
はちじ	くじ	じゅうじ	じゅういちじ	じゅうにじ	なんじ	

よじ: よんじ가 아님에 주의

くじ: きゅうじ가 아님에 주의

숫자 + 分(ふん・ぷん) ~분

■ **분 읽기**

1分	2分	3分	4分	5分	6分
いっぷん	にふん	さんぷん	よんぷん	ごふん	ろっぷん
7分	8分	9分	10分	半	何分
ななふん	はっぷん	きゅうふん	じゅっぷん じっぷん	はん	なんぷん

いっぷん: いちぷん이 아님에 주의

예 今(いま)、何時(なんじ)ですか。 지금 몇 시입니까?

…› ちょうど 4時(よじ)です。 정각 4시입니다.

…› 12時(じゅうにじ) 半(はん)です。 12시 반입니다.

②**~か**는 흔히 의문문의 끝에 쓰여서 **~까?**의 의미로 쓰이지만, 여기에 쓰인 것은 의문의 조사가 아니라 **~이나, 또는**의 뜻으로 불확실한 것을 나타내거나 사물을 열거해서 그 중 하나를 선택하는 뜻을 나타내는 표현이다.

예 あっちか、こっちか どちらに しますか。

이 쪽 또는 저 쪽, 어느 쪽으로 하겠습니까?

의문에 쓰이는 조사

4 電話するように 伝えて ください。

~ように의 기본형은 **~ようだ**로 동사의 기본형에 붙어서 소원이나 의뢰를 나타내는 표현으로 **~하도록, ~하기를**의 뜻이 된다. 이 외에도 **~할 수 있게**라는 목적을 나타내기도 한다.

동사의 기본형 + **ようだ**

な형용사 활용

주의할 점은 **~ようだ**는 **な형용사**와 똑같이 활용한다는 것이다.

(1) 의뢰 : 하도록, ~하기를

예 帰(かえ)る まえに 窓(まど)を 閉(し)めるように して ください。

돌아가기 전에 창을 닫도록 해 주십시오.

(2) 목적 : ~할 수 있게

예 間(ま)に 合(あ)うように 出(で)よう。 시간에 맞출 수 있게 나가자.

~ようだ가 명사나 연체형 뒤에 올 때는 **~와 같은**의 뜻이 되어 다른 사물과 비교하거나 예를 들어 말할 때 사용한다.

명사 / 연체형 + の + ようだ (な형용사 활용)

(3) 비교나 예시 : ~와 같은

예) 雪(ゆき)のように 白(しろ)い。　　눈과 같이 하얗다.

りんごのような わたしの 顔(かお)　　사과 같은 내 얼굴

5 電話番号は 知って いますか。

전화번호를 읽는 법은 우리와 같으며 우리말의 - : ~의는 の라고 읽는다.

に	に	なな	ご	の	さん	ご	に	なな
2	2	7	5	-	3	5	2	7

~は 知(し)って いますか는 **~은 알고 있습니까?** 라는 뜻으로 상대방에게 알고 있는 지를 물어볼 때 쓰는 말이다. 단, 모른다고 대답할 때는 **~知(し)って いません**이 아니라 **知(し)りません**이라고 해야하는 것에 주의하도록 하자.

예) あの 人(ひと)を 知(し)って いますか。　　저 사람을 알고 있습니까?

→ はい、知(し)って います。　　네, 알고 있습니다.

→ いいえ、知(し)りません。　　아니오, 모릅니다.

통신기기

- 電話[でんわ] 전화
- ポケベル[pocket bell] 삐삐 무선 호출기
- PHS 우리나라의 PCS와 비슷
- 携帯電話[けいたいでんわ] 휴대폰, 핸드폰
- PMP 피엠피
- ローミング携帯[roaming けいたい] 임대 로밍폰

Track 15

1 もしもし、[山本(やまもと)です / パクさん いらっしゃいますか / 鈴木(すずき)さんの お宅(たく)ですか / 一郎(いちろう)さん おねがいします]。

여보세요, [야마모또입니다 / 박씨 계십니까? / 스즈끼씨 집입니까? / 이치로씨 부탁합니다.]

2 今(いま)は [8時(はちじ) / ちょうど 12時(じゅうにじ) / 9時(くじ) 5分(ごふん) 前(まえ)] です。

지금은 [8시 / 정각 12시 / 9시 5분 전] 입니다.

3 [電話(でんわ)する / ぜひ 来(く)る / 明日(あした)まで 待(ま)つ] ように 伝(つた)えて ください。

[전화 하 / 꼭 오 / 내일까지 기다리] 라고 전해 주십시오.

今の日本

전화에서

- 여보세요, 누구십니까?

  ➡ もしもし、木下でございます。

  여보세요, 기노시따입니다.

전화카드

- 私が電話に出ます。

  제가 받겠습니다.

- また、あとでおかけします。

  나중에 다시 걸겠습니다.

- あとでかけなおしてくださいませんか。

  나중에 다시 전화 하시겠습니까?

- 鈴木さんから電話がありましたよ。

  스즈끼씨에게서 전화가 왔었습니다.

☐ もしもし　여보세요

☐ 木下 [きのした]　기노시따 姓

　・〜で ございます ~입니다

☐ 出る [でる]　나가다

　・電話に でる 전화를 받다

☐ あとで　나중에, 잠시 후에

☐ かける　걸다

　・電話を かける 전화 걸다

☐ かけなおす[かけ直す]　(전화를) 다시 걸다

15과 地下鉄 지하철

東洙：あのう、すみません。

駅員：はい、何(なん)でしょうか。

東洙：原宿(はらじゅく)まで 行(い)きたいんですが、どうやって 行(い)きますか。

駅員：原宿(はらじゅく)ですか。
そしたら、 乗(の)り換(か)え しなければ ならないです。

東洙：乗(の)り換(か)えですか。
では、どこで 乗(の)り換(か)えますか。

駅員：新宿(しんじゅく)です。
新宿駅(しんじゅくえき)で JR(ジェーアール) 山手線(やまのてせん)に 乗(の)り換(か)えて ください。

東洙：そうですか。
では、乗(の)り場(ば)は どちらですか。

駅員：あの 赤(あか)い 丸(まる)の ところで
新宿行(しんじゅくゆ)きに 乗(の)って ください。

일본의 전철은 발달해 있는 만큼 매우 복잡하다. 이러한 실생활의 언어들을 공부하고, 일본을 직접 여행하듯이 자신이 공부한 것을 구사할 수 있을 때, 그 효과는 더욱 좋고 쉽게 잊혀지지 않는다.

Track 16

동수 저, 실례합니다.
역무원 네, 무슨 일입니까?
동수 하라주쿠까지 가고싶습니다만,
어떻게 갑니까?

- ☐ 原宿 [はらじゅく] 하라주쿠 地名
  우리 나라의 대학로와 비슷하게 젊고 활기찬 곳으로 젊은이들이 많이 모이는 곳
- ☐ 行く [いく] 가다
- ☐ ～たい ～하고 싶다
- ☐ どう 어떻게
- ☐ やる 하다

역무원 하라주쿠말입니까?
그렇다면, 갈아타야만 합니다.
동수 갈아타야합니까?
그럼, 어디에서 갈아탑니까?

- ☐ そしたら 그렇다면
- ☐ 乗り換え [のりかえ] 갈아타기
- ☐ JR 山手線 [ジェーアールやまのてせん] JR야마노테선

역무원 신주쿠에서요,
신주쿠역에서 JR야마노테선으로 갈아타십시오.
동수 그렇습니까?
그럼, 타는 곳은 어디입니까?
역무원 저 빨간 동그라미 표시에서
신주쿠행을 타십시오.

- ☐ 新宿 [しんじゅく] 신주쿠
- ☐ 乗り場 [のりば] 타는 곳
- ☐ 赤い [あかい] 빨갛다
- ☐ 丸 [まる] 동그라미
- ☐ ところ 곳, 장소
- ☐ ～行き [ゆき] ～행
- ☐ 乗る [のる] 타다

ポイント Point

1 原宿まで 行きたいんですが。

～んです p 144 참조 는 이미 설명하였지만, 상대방의 대답을 기다리는 뜻이 담겨 있음을 나타낸다. 음이 편하다고 우리나라 사람들이 아무 때나 사용하는 경우가 있는데, 주의해야 한다.

예 映画館(えいがかん)に 行(い)きたいんですが。　영화관에 가고 싶은데요.

같이 가시지 않겠습니까? 라는 뜻이 들어 있다.

2 ~なければ ならないです。

～なければ ならないです는 **～해야만 합니다**라는 뜻으로, **～なければ なりません**이라고 해도 된다. **해야한다는 의무 · 당연의 뜻**을 나타내며, **～なければ**앞에는 동사의 부정형이 온다.

동사의 부정형 + なければ ならない　**～해야만 한다**

	기본형	부정형	의무 · 당연
1그룹 동사	行(い)く 가다 ···	行(い)かない 가지 않다 ···	行(い)かなければ ならない 가야만 한다
2그룹 동사	食(た)べる 먹다 ···	食(た)べない 먹지 않다 ···	食(た)べなければ ならない 먹어야만 한다
3그룹 동사	来(く)る 오다 ···	来(こ)ない 오지 않다 ···	来(こ)なければ ならない 와야만 한다
	する 하다 ···	しない 하지 않다 ···	しなければ ならない 해야만 한다

예 約束(やくそく)は 守(まも)らなければ ならない。 약속은 지켜야만 한다.

薬(くすり)を 飲(の)まなければ ならないです。 약을 먹어야만 합니다.

来月(らいげつ)までには 来(こ)なければ なりません。 다음달까지는 와야만 합니다.

3 乗り換えですか。

乗(の)り換(か)える는 **갈아타다**라는 뜻의 동사로, **~です** 앞에 동사가 그대로 올 수는 없으며, 명사형으로 바뀌어야 하는데, 동사는 **ます형**이 명사의 역할을 한다.

동사의 **ます형**이 **명사역할을 할 때**의 형태를 **전성명사**라 한다.

乗(の)り換(か)える는 끝이 -eru로 끝나는 2그룹 동사이므로, 이것을 명사형으로 바꿀 때는 **る**를 빼면된다. 그러므로 **乗(の)り換(か)えですか**는 **갈아타기입니까?** 라는 뜻이다.
아래의 예문처럼 **お + 동사의 명사형 + ですか**는 **~입니까?** 라는 정중한 뜻을 나타낸다.

お + 동사의 명사형 + ですか **~입니까?**

예 お書(か)きですか。 씁니까?

お飲(の)みですか。 마십니까?

4 JR山手線に 乗り換えて ください。

～に 乗り換える(のりかえる)는 **～로 갈아타다**의 뜻으로 조사 に를 쓰는 것에 주의해야 한다. 이렇게 우리말의 조사와 딱 맞지 않는 것이 일본어에 간혹 있으므로 이런 것은 신경을 써서 외어 두자.

～に 乗る(のる) ～을 타다 ⟺ **～を 降りる(おりる)** ～에서 내리다

예 バスに 乗る(の)。	버스를 타다.
タクシーを おりる。	택시에서 내리다.
新宿(しんじゅく)から 電車(でんしゃ)に 乗り換える(のりかえる)。	신주쿠에서 전차로 갈아타다.

～に 会う(あう) ～를 만나다

예 道(みち)で 友達(ともだち)に 会い(あい)ました。	길에서 친구를 만났습니다.

5 では 乗り場は どちらですか。

乗り場(のりば)는 **타는 곳**이라는 뜻이다. 이렇게 장소를 나타내는 것 중에 **～場(ば)**로 끝나는 말이 있는데, 이것은 대체로 읽는 법이 두 가지이다.

場

(1) ば

(2) じょう

예 きっぷ 売り場(うりば)	표 파는 곳
市場(いちば)	시장
運動場(うんどうじょう)	운동장

きっぷ 売り場(うりば) 표 파는 곳

6 赤い 丸の ところで 新宿行きに 乗って ください。

① ~の 所(ところ)는 범위나 장소를 나타내는 말로 해석을 따로 할 필요는 없지만, ~곳의 의미를 뜻한다.

예 エレベーターの ところで 待(ま)って ください。
엘리베이터에서 기다리십시오.

あの ハチ公(こう)の ところは いつも 込(こ)んで います。
저 하치코상이 있는 곳은 언제나 붐빕니다.

시부야역 앞에 서 있는 하치코상

* 込(こ)む 붐비다

② ~行(ゆ)き는 ~행이라는 뜻으로, 장소를 나타내는 말과 함께 쓰여 그곳을 향하여 간다는 뜻이다. 이와 비슷한말로 ~처라는 말이 있는데, 이것은 ~先(さき)라는 말을 사용한다.

~行(ゆ)き
~행

~先(さき)
~처

예 大阪行(おおさかゆ)き。 오사카행
連絡先(れんらくさき) 연락처

③ ~て くださいませんか는 ~해 주시지 않겠습니까?의 뜻으로 상대방에게 의뢰하는 표현이다. ~て ください ~해 주십시오보다 더 정중함을 나타낸다.

예 今日(きょう)、来(き)て くださいませんか。 오늘 와 주시지 않겠습니까?
⋯› はい、行(い)きます。 네, 가겠습니다.

~たい

~たい는 **~하고 싶다**는 희망이나 소망을 나타내는 말로, 주어가 1인칭 **나**, 2인칭 **너**일 때 사용하는 말이다. 동사의 ます형과 결합하며 **~을**에 해당하는 조사는 **~が**를 쓴다. **~たい** 자체는 끝이 -い로 끝나므로, **い형용사와 똑같이 활용**한다.

~たい　~하고 싶다

동사	~たい	부정	과거	과거 부정
변화 규칙	ます형 + たい ~하고 싶다	たい ⋯› たく ない ~하고 싶지 않다	たい ⋯› たかった ~하고 싶었다	たい ⋯› たく なかった ~하고 싶지 않았다
飲(の)む 마시다	飲(の)みたい 마시고 싶다	飲(の)みたく ない 마시고 싶지 않다	飲(の)みたかった 마시고 싶었다	飲(の)みたく なかった 마시고 싶지 않았다
食(た)べる 먹다	食(た)べたい 먹고 싶다	食(た)べたく ない 먹고 싶지 않다	食(た)べたかった 먹고 싶었다	食(た)べたく なかった 먹고 싶지 않았다
する 하다	~したい ~하고 싶다	~したく ない ~하고 싶지 않다	~したかった ~하고 싶었다	~したく なかった ~하고 싶었다

예 ビールが 飲(の)みたいです。　맥주를 마시고 싶습니다.

何(なに)が 食(た)べたい。　무엇이 먹고 싶어?

⋯› 刺身(さしみ)が 食(た)べたい。　회를 먹고 싶어.

정중함을 나타내려면 **-たい**뒤에 **-です**를 붙이고, **과거**를 만들 때는 **-たい**의 **-い**를 **-かった**로 바꾼다. 그리고 **~하고 싶지 않다**라는 **부정**은 -たい의 -い를 -く ない로 바꾸면 된다.

활용규칙

부정 ~たい ⋯› ~たく ない

과거 ~たい ⋯› ~たかった

い형용사와 똑같이 활용한다.

예 きょう ビールは 飲(の)み**たく ないです。** 오늘 맥주는 마시고 싶지 않습니다.

きょう ビールは 飲(の)み**たく ありません。** 〃

きのう ビール**が** 飲(の)み**たかった。** 어제 맥주가 마시고 싶었다.

목적격 조사는 **が**가 아니라 **を**를 쓴다.

きのう ビール**は** 飲(の)み**たく なかった。** 어제 맥주는 마시고 싶지 않았다.

부정어 앞에서는 조사 **は**를 쓴다.

그리고, 주어가 3인칭 **그 남자, 그녀** 일 때는 **~たがる ~하고 싶어하다** 를 쓰는데, **의미상 상태를 나타내는 ~たがって いる**로 많이 쓰인다. 주의할 것은 **~을**에 해당하는 조사는 **~を**를 쓴다.

예 彼女(かのじょ)は 車(くるま)**を** 買(か)いたがって います。 그녀는 차를 사고 싶어합니다.

兄(あに)は いつも ビール**を** 飲(の)みたがって いる。 형은 언제나 맥주를 마시고 싶어한다.

내일 明日 [あした·あす]

- **おととい**그저께
- **きのう**어제
- **きょう**오늘
- **あさって**모레
- **今日**[きょう] 오늘
- **今月**[こんげつ] 이번 달
- **今年**[ことし] 올해
- **今朝**[けさ] 오늘 아침
- **今夜**[こんや] 오늘 저녁

Track 16

1

原宿(はらじゅく)まで 行(い)き	たいんですが。
予約(よやく)し	
今月(こんげつ)の スケジュールが 知(し)り	

[하라주쿠까지 가고 / 예약하고 / 이번 달 스케줄을 알고] 싶습니다만.

2

ここで 乗(の)り換(か)えし	なければ ならない。
規則(きそく)は 守(まも)ら	
病院(びょういん)へ 行(い)か	

[여기에서 갈아타 / 규칙은 지켜 / 병원에 가] 야만 한다.

3

JR山手線(ジェーアールやまのてせん)	に 乗(の)り換(か)えて ください。
バス	
タクシー	

[JR야마노테선 / 버스 / 택시] 로 갈아타십시오.

今の日本

전철을 탈 때

Track 16

- ドアが 開(あ)きます。
  문이 열립니다.

- ドアが 閉(し)まります。
  문이 닫힙니다.

지하철 표시

- まもなく 3番線(さんばんせん)に 電車(でんしゃ)が まいります。
  곧 3번 선에 전차가 도착합니다.

- どの 電車(でんしゃ)に 乗(の)り換(か)えますか。
  어떤 열차로 갈아탑니까?
  ➡ 마루노우찌선으로 갈아타십시오.

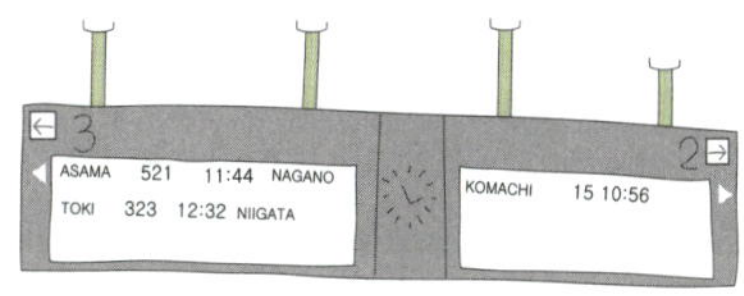

- 다음 역은 어디입니까?
  ➡ つぎの 駅(えき)は 銀座(ぎんざ)です。
  다음 역은 긴자입니다.

- ドア [door] 문
- 閉く [あく] 열리다
- 閉まる [しまる] 닫히다
- まもなく [間も 無く] 곧, 머지않아
- ~番線 [ばんせん] ~번선
- 電車 [でんしゃ] 전차
- まいる [参る] 오다, 가다의 낮춤말
  · 会社から まいりました 회사에서 왔습니다.
- 乗り換える [のりかえる] 갈아타다
- つぎ [次] 다음
- 駅 [えき] 역
- 銀座 [ぎんざ] 긴자 <地名>

16과 銀行 은행

東洙　新(あたら)しく 口座(こうざ)を 開(ひら)きたいんですが。

銀行員　ありがとう ございます。ご新規(しんき)ですか。

はい。

では、3番(さんばん)の 窓口(まどぐち)へ どうぞ。

3番の 窓口

外国人登録証(がいこくじんとうろくしょ)とか パスポートは 持(も)って いますか。

はい。

では、この 申込書(もうしこみしょ)に 記入(きにゅう)して ください。

すみませんが、この H・S・T・Mと いうのは 何(なん)ですか。

それは 平成(へいせい)・昭和(しょうわ)・大正(たいしょう)・明治(めいじ)の かしら文字(もじ)です。

はい、全部(ぜんぶ) 書(か)きました。

すぐ お渡(わた)ししますので、
少々(しょうしょう) お待(ま)ちください。

はい。

Track 17

동수　새로 계좌를 열고 싶습니다만.
은행원　감사합니다. 신규인가요?
동수　네.
은행원　그럼, 3번 창구로 가 주십시오.

- □ 新しく [あたらしく]　새로이, 새롭게
- □ 口座 [こうざ]　계좌
- □ 開く [ひらく]　열다, (통장을) 만들다
- □ 新規 [しんき]　신규
- □ 窓口 [まどぐち]　창구

3번 창구

은행원　외국인 등록증이나 여권은 가지고 계십니까?
동수　네.
은행원　그럼, 이 신청용지에 기입해 주십시오.

- □ 外国人登録証 [がいこくじんとうろくしょ]　외국인 등록증
- □ パスポート [passport]　여권
- □ 持つ [もつ]　가지다
- □ 申込書 [もうしこみしょ]　신청서
- □ 記入する [きにゅうする]　기입하다

동수　죄송합니다만, 이 H · S · T · M이라고 하는 것 무엇입니까?
은행원　그것은 헤세 · 쇼와 · 다이쇼 · 메이지의 머리글자입니다.
동수　여기, 전부 썼습니다.

- □ 平成 [へいせい]　헤세
- □ 昭和 [しょうわ]　쇼와
- □ 大正 [たいしょう]　다이쇼
- □ 明治 [めいじ]　메이지
- □ かしら文字 [もじ]　어두문자 〈문장이나 고유명사의 첫 번째 글자〉

은행원　곧 드리겠으니, 잠시만 기다려 주십시오.
동수　네.

- □ 全部 [ぜんぶ]　전부, 모두
- □ 渡す [わたす]　건네주다
- □ 少々 [しょうしょう]　잠시
- □ 待つ [まつ]　기다리다

ポイント Point

1 あのう、新しく 口座を 開きたいんですが。

あのう는 우리말의 **저, 여기요**의 뜻으로, 말을 꺼낼 때나 누군가에게 말을 건넬 때 처음 습관적으로 하는 말이다.

예 あのう、聞(き)きたい ことが ありますが。 여기요, 물어 보고 싶은 것이 있는데요.

あのう、失礼(しつれい)しますが。 저, 실례하겠습니다만.

新(あたら)しく는 **い형용사 新(あたら)しい 새롭다**의 **부사형**으로 **새롭게, 새로이**의 뜻이다. **い형용사**가 명사를 꾸며줄 때는 기본형 그대로 꾸며 주지만, 명사가 아닌 동사나 부사를 꾸며줄 때는 형태가 변한다. 즉, 기본형 끝의 음인 **い** ···› **く**로 바뀐다.

형용사 어미 **-い** ➜ **-く** **형용사가 동사나 부사를 꾸며줄 때**

기본형			동사나 부사를 꾸며줄 때	
高(たか)い	높다, 비싸다	···›	高(たか)く	높게, 비싸게
美(うつく)しい	아름답다	···›	美(うつく)しく	아름답게
楽(たの)しい	즐겁다	···›	楽(たの)しく	즐겁게

예 日本(にほん)で たのしく すごして います。 일본에서 즐겁게 보내고 있습니다.

ねだんが 高(たか)く なりました。 값이 비싸졌습니다.

이 형태는 **い형용사**를 부정어로 만들 때도 나오는데 **~하지 않다**라고 할 때 **~く ない**로 바꾸어 주는 것이다. 즉, 형용사를 부정할 때는 **-い**를 **-く**로 바꾸고 부정의 의미인 **ない**를 붙여 준다.

형용사 어미 -い ⇨ -く ない　형용사의 부정

기본형	부정형	기본형	부정형
高(たか)い 높다	高(たか)く ない 높지 않다	遠(とお)い 멀다	遠(とお)く ない 멀지 않다
長(なが)い 길다	長(なが)く ない 길지 않다	おもしろい 재미있다	おもしろく ない 재미있지 않다
大(おお)きい 크다	大(おお)きく ない 크지 않다	易(やさ)しい 쉽다	易(やさ)しく ない 쉽지 않다
広(ひろ)い 넓다	広(ひろ)く ない 넓지 않다	重(おも)い 무겁다	重(おも)く ない 무겁지 않다

예 この ゲームは おもしろく ないです。 이 게임은 재미있지 않습니다.

これは 長(なが)くも 大(おお)きくも ありません。 이것은 길지도 크지도 않습니다.

～くも ～くも ＋부정어 ～지도 ～지도 않다

2 外国人登録証とか パスポートは 持って いますか。

外国人登録証(がいこくじんとうろくしょう)는 외국인이 일본에서 머무를 때 신분을 증명하는 것으로, 우리나라의 **주민등록증**과 같은 역할을 한다. 통장을 만들거나 보험에 가입하는 등 일본에서 생활을 하려면 반드시 필요하다.

～とか는 ～라든지, ～라거나 의 뜻으로 주로 예를 들어 말할 때 쓰는 표현이다.

예 りんごとか すいかとか バナナを 日本語(にほんご)で 果物(くだもの)と 言(い)います。
사과나 수박이나 바나나를 일본어로 구다모노과일 라고 합니다.

3 この 申込書に 記入して ください。

申込書(もうしこみしょ)는 신청서를 의미한다. 이것은 申し込む(もうしこむ) 신청하다라는 동사에서 나온 말로 申請(しんせい)する라고 우리말과 같이 신청하다는 말이 있지만, 일본에서는 申し込む(もうしこむ)를 더 많이 사용한다.

이런 것이 우리말과 일본어가 비슷해서 일본어를 배우는데 약점이 될 수도 있는 단어들인데, 나올 때마다 잘 알아두자.

의미	우리말	일본어
애인, 연인	愛人	恋人(こいびと)
~학년	~学年	~年生(ねんせい)
여고생	女高生	女子高生(じょしこうせい)

예 우리말 約婚 약혼　　cf 일본어 婚約(こんやく) 약혼

약혼은 우리말 約婚 과 일본어 婚約 의 순서가 틀리다.

4 この H·S·T·Mと いうのは 何ですか。

~と いうのは는 ~라고 하는 것은의 뜻으로, 회화체에서는 줄여서 ~って라고도 한다.

~と いうのは = ~って ~라고 하는 것은

예 銀行(ぎんこう)の 口座(こうざ)と いうのは 何(なん)ですか。 은행계좌라고 하는 것은 무엇입니까?

= 銀行(ぎんこう)の 口座(こうざ)って 何(なん)ですか。 〃

5 平成・昭和・大正・明治の かしら文字です。

일본에는 우리와 다르게 고유의 연도를 세는 방법이 있다. 서기 년도로 세는 방법과 다음과 같이 연호를 사용하는 것인데, 일반적으로 연호를 더 많이 사용한다. 그러므로, 일본인과 대화를 하거나 생활을 하려면 연호 읽는 법 정도는 알아두어야 좋다.

연호력	서기력	연호력	서기력
1868년	めいじ いちねん 明治 1年	2000년	へいせい じゅうにねん 平成 12年
~	~	~	~
1912년	たいしょう いちねん 大正 1年	2009년	へいせい にじゅういちねん 平成 21年
~	~	~	~
1926년	しょうわ いちねん 昭和 1年	2011년	へいせい にじゅうさんねん 平成 23年
~	~	~	~
1989년	へいせい いちねん 平成 1年	2012년	へいせい にじゅうよねん 平成 24年

맛 味[あじ]

- **甘い**[あまい] 달다 ↔ • **苦い**[にがい] 쓰다
- **すっぱい** 시다 • **辛い**[からい] 맵다
- **塩辛い**[しおからい] 짜다 ↔ • **水っぽい**[みずっぽい] 싱겁다
- **おいしい** 맛있다 ↔ • **まずい** 맛없다

Track 17

1

高(たか)
あたたか
安(やす)

く　なりました。

[**키가 커** 높아 / **따뜻해** / **싸**] 졌습니다.

2

高(たか)
暑(あつ)
甘(あま)

くも

安(やす)
寒(さむ)
苦(にが)

くも ありません。

[**비싸** / **덥** / **달**] 지도 [**싸** / **춥** / **쓰**] 지도 않습니다.

3

自動振替(じどうふりかえ)
暗証番号(あんしょうばんごう)
ATM

と　いうのは　何(なん)ですか。

= ~って

[**자동이체** / **비밀번호** / **자동지급기** ATM] 라고 하는 것은 무엇입니까?

今の日本

은행에서

Track 17

- 預金(よきん)を　したいんですが。

  예금을 하고 싶습니다만.

  ➡ 네, 감사합니다.

일본 은행

- 普通預金(ふつうよきん)の　口座(こうざ)を　開(ひら)きたいんですが。

  보통예금 계좌를 만들고 싶습니다만

  ➡ 이것을 작성해 주세요.

- この　紙幣(しへい)を　両替(りょうがえ)して　ください。

  이 지폐를 바꿔 주세요.

  ➡ 잠시만 기다리세요.

- 銀行(ぎんこう)は　何時(なんじ)までですか。

  은행은 몇 시까지입니까?

  ➡ 3시까지입니다.

□ 銀行 [ぎんこう]	은행
□ 預金 [よきん]	예금
□ 普通預金 [ふつうよきん]	보통예금
□ 口座 [こうざ]	구좌, 계좌
□ 開く [ひらく]	(통장을) 만들다, 열다
□ 紙幣 [しへい]	지폐
· 偽造紙幣 [ぎぞうしへい]	위조지폐
□ 両替 [りょうがえ]	환전, 돈을 바꿈
□ 何時 [なんじ]	몇 시
□ ～まで	～까지

17과 マクドナルド 맥도날드

マクドナルド

バイト　いらっしゃいませ。ご注文(ちゅうもん)を　どうぞ。

まりこ　あの、チーズバーガーと　ポテトと　コーラを　ください。

チーズバーガー　1(ひと)つと　ポテト　1(ひと)つと　コーラですか。

はい。

それなら、チーズバーガーセットに　したら、
もっと　やすいですが。

そうですか。じゃ、セットに　します。

こちらで　お召(め)し上(あ)がりですか、お持(も)ち帰(かえ)りですか。

ここで　食(た)べます。

全部(ぜんぶ)で　540(ごひゃくよんじゅう)　円(えん)で　ございます。
ほかに　ご注文(ちゅうもん)は　ございませんか。

ないです。

少々(しょうしょう)　お待(ま)ちください。

백문이 불여일견이라는 말이 있다. 아무리 우리 나라에서 수백 번 들어도 한 번 일본에 가서 직접 보고 체험하는 것이 더욱 효과적이다. 그러므로 가까운 나라 일본에 여행이라도 가는 계획을 세워 보자.

맥도날드

아르바이트	어서 오십시오. 주문하십시오.
동수	저, 치즈버거와 포테이토와 콜라 주세요.
아르바이트	치즈버거 한 개와 포테이토 하나, 콜라이시죠?
동수	네.

Track 18

- 注文 [ちゅうもん] 주문
- チーズバーガー [cheese burger] 치즈버거
- ポテト [potato] 포테이토, 감자
- 1つ [ひとつ] 한 개, 하나
- コーラ [cola] 콜라

아르바이트	그럼, 치즈버거 세트로 하시면, 좀 더 쌉니다만.
동수	그런가요? 그럼, 세트로 하겠습니다.

- それなら 그렇다면
- やすい 싸다
- セット [set] 세트

아르바이트	여기서 드시겠습니까, 가지고 가시겠습니까?
동수	여기에서 먹을 겁니다.
아르바이트	전부 540엔입니다. 이외에 주문할 것은 없으십니까?

- 召し上がる[めしあがる] 드시다, 잡수시다
- 持ち帰る[もちかえる] 가지고 가다
- お持ち帰り 포장 함

동수	없습니다.
아르바이트	잠시만 기다려 주십시오.

- 全部で [ぜんぶで] 전부, 합해서
- ほか [外, 他] 이외, 그 밖
- ござる 있다 ある의 겸양어
- 待つ [まつ] 기다리다

ポイント Point

1 チーズバーガー 1つと ポテト 1つと コーラですか。

1つ(ひと) 는 **하나, 한 개**의 뜻이며 **一つ**라고 쓰기도 한다. 숫자를 세는 법과 다르기 때문에 하나하나 외어야만 한다. 이렇게 물건을 세는 것 말고 동물이나 책, 사람을 세는 것 등도 모두 다르므로 비교해서 잘 알아두자.

Track 18

서수 일, 이, 삼‥		기수 하나, 둘, 셋‥‥	사람 한 명, 두 명‥	종이, 접시 등 한 장, 두 장‥
?		いくつ 몇 개	なんにん 몇 명 [何人]	なんまい 몇 장 [何枚]
1	いち	ひとつ	ひとり	いちまい
2	に	ふたつ	ふたり	にまい
3	さん	みっつ	さんにん	さんまい
4	し·よん	よっつ	よにん	よんまい
5	ご	いつつ	ごにん	ごまい
6	ろく	むっつ	ろくにん	ろくまい
7	しち·なな	ななつ	しちにん·ななにん	しちまい·ななまい
8	はち	やっつ	はちにん	はちまい
9	きゅう·く	ここのつ	きゅうにん·くにん	きゅうまい
10	じゅう	とお	じゅうにん	じゅうまい
11	じゅういち	じゅういち	じゅういちにん	じゅういちまい
12	じゅうに	じゅうに	じゅうににん	じゅうにまい

특히, 몇 개 있는지를 물어볼 때는 **いくつ**를 쓴다. 이것은 **몇 개**의 뜻을 나타내며, 앞에 **お~**를 붙여 나이를 의미할 때는 **몇 살** 을 나타낸다. 이와 비슷하게 금액을 물어보는 말은 **いくら**이다.

예 りんごは いくつ ありますか。 사과는 몇 개 있습니까?
…› とお あります。 10개 있습니다.

おいくつですか。 몇 살입니까?
…› 25(にじゅうご) 才(さい)です。 25살입니다.

Track 18

달 1월, 2월··	시 1시, 2시··	분 1분, 2분··
なんがつ 몇 월 [何月]	なんじ 몇 시 [何時]	なんぷん 몇 분 [何分]
いちがつ	いちじ	いっぷん
にがつ	にじ	にふん
さんがつ	さんじ	さんぷん
しがつ · よんがつ	よじ	よんぷん
ごがつ	ごじ	ごふん
ろくがつ	ろくじ	ろっぷん
しちがつ · なながつ	しちじ · ななじ	ななふん
はちがつ	はちじ	はっぷん
くがつ	くじ	きゅうふん
じゅうがつ	じゅうじ	じゅっぷん · じっぷん
じゅういちがつ	じゅういちじ	じゅういっぷん
じゅうにがつ	じゅうにじ	じゅうにふん

예 これは いくらですか。　　이것은 얼마입니까?

…› 千円(せんえん)です。　　천 엔입니다.

■ **가격 읽는 법**

いくらですか。 얼마입니까?

…› **숫자 ＋ 円(えん)です** ~엔 입니다

1	じゅう	100	ひゃく	1,000	せん	10,000	いちまん
2	にじゅう	200	にひゃく	2,000	にせん	20,000	にまん
3	さんじゅう	200	さんびゃく	3,000	さんぜん	30,000	さんまん
4	よんじゅう	400	よんひゃく	4,000	よんせん	40,000	よんまん
5	ごじゅう	500	ごひゃく	5,000	ごせん	50,000	ごまん
6	ろくじゅう	600	ろっぴゃく	6,000	ろくせん	60,000	ろくまん
7	ななじゅう	700	ななひゃく	7,000	ななせん	70,000	ななまん
8	はちじゅう	800	はっぴゃく	8,000	はっせん	80,000	はちまん
9	きゅうじゅう	900	きゅうひゃく	9,000	きゅうせん	億 억	おく

위의 숫자들에 **円(えん)**을 붙여 읽으면 되는데 3, 6, 7, 8 단위의 것들은 음이 달라지므로, 주의해서알아둔다. 그리고 **一万(いちまん)**의 경우, 우리나라는 **일만, 만**을 함께 쓰지만 일본어에서는 반드시 **一万(いちまん)**이라고 해야 한다.

예 この すいかは いくらですか。　　이 수박은 얼마입니까?

…› 600円(ろっぴゃくえん)です。　　600엔입니다.

2 全部で、540円で　ございます。

全部(ぜんぶ)での ～では 상태를 나타내는 말로 **～로(서), ～으로써**의 뜻이다.

예) 私(わたし)の 家族(かぞく)は みんなで 6人(ろくにん)です。　우리 가족은 모두 여섯 명입니다.

みんなで いっしょに 映画(えいが)でも 見(み)に 行(い)こう。　모두 함께 영화라도 보러 가자.

～で ございます는 **～で ある ～이다**의 공손한 표현으로 상점 등에서 많이 사용된다. 일본에서는 흔히 쓰이는 말이므로 반드시 외어 두자. 그러면 상대방이 말할 때도 쉽게 들을 수 있다.

～で ございます。　**～입니다**

예) こちらは ホテル日航東京(にっこうとうきょう)で　ございます。
여기는 호텔 닛코 도쿄입니다.

호텔 닛코 도쿄

CDの 売(う)り場(ば)は 2階(にかい)で　ございます。　CD 판매 장소는 2층입니다.

そうで ございます。　그렇습니다.

스테이크 ステーキ[steak] 굽기 정도

- レア[rare] 설익힘
- ミディアム[medium] 중간으로 익힘
- ウェルダン[well-done] 완전히 익힘

Track 18

1

チーズバーガーと コーラ	を ください。
ポテト おおきいの	
ステーキ	
私(わたし)も 同(おな)じ もの	

[치즈버거와 콜라 / 포테이토 큰 것을 / 스테이크 / 저도 같은 것] 을(를) 주세요.

2

市役所(しやくしょ)	で ございます。
みずほ銀行(ぎんこう)	
そう	

[시청 / 미즈호 은행 / 그렇] 입(습)니다.

今の日本

패스트푸드점에서

Track 18

- ポテトと　サラダと　どちらに　なさいますか。

  포테이토과 샐러드 중 어느 것으로 드시겠습니까?

  ➡ 샐러드로 주세요

맥도날드

- 여기서 드실겁니까? 가져가실 겁니까?

  ➡ 持(も)ち帰(かえ)りです。

  가져갈겁니다.

- 窓際(まどぎわ)の　テーブルに　して　ください。

  창가 테이블로 해 주세요.

  ➡ 예, 안내해 드리겠습니다.

- 스테이크는 어느 정도로 구워드릴까요?

  ➡ ミディアムで　ください。

  미디움으로 주세요

□ ポテト [potato]	포테이토(감자튀김)
□ サラダ [salad]	샐러드
□ なさる	하시다 **する** 하다의 공손한 표현
□ 持ち帰り [もちかえり]	포장, 가져감
□ 窓際 [まどぎわ]	창 옆
□ テーブル [table]	식탁
□ ミディアム [medium]	중간으로 익힘

18과 くすり屋 약국

まりこ：東洙君(ドンスくん)、どうしたの。顔色(かおいろ)が あまり よくないわね。

東洙：ええ、ちょっと…。

まりこ：薬(くすり)は 飲(の)んだ。

東洙：いや、まだ。

まりこ：それは よくないわね。早(はや)く 飲(の)んだ ほうが いいわよ。

東洙：そうだね。クスリ屋(や)は どこ。

まりこ：私(わたし)と いっしょに 買(か)いに 行(い)こう。

くすり屋の 中

店員：いらっしゃいませ。どんな 具合(ぐあい)ですか。

東洙：熱(ねつ)が あって、体(からだ)も だるいんです。

店員：いつからですか。

東洙：ゆうべからです。

店員：この 薬(くすり)が いいですよ。食後(しょくご)に 飲(の)んで ください。1300円(せんさんびゃくえん)です。

東洙：わかりました。

店員：どうぞ おだいじに。

동사의 과거형에 대해서 공부한다. 이것은 앞에서 배운 て형과 별다를 것이 없다. 이것 또한 마찬가지로 일정한 규칙에 따라서 활용하기만 하면 된다. 어렵다고 편식하듯이 어려운 부분을 그냥 넘어가서는 안 된다.

Track 19

마리꼬　동수군, 어디 아파?
　　　　얼굴 색이 별로 안 좋은데.
동수　　응, 좀…
마리꼬　약은 먹었어?
동수　　아니, 아직.

- 顔色 [かおいろ] 얼굴 색
- よい [良い, 善い] 좋다
- まだ 아직

마리꼬　그건 좋지 않아. 빨리 약을 먹는 편이 좋지.
동수　　그렇지? 약국은 어디에 있어?
마리꼬　나와 함께 사러 가자.

- 薬 [くすり] 약
- 飲む [のむ] 마시다
- 早い [はやい] 빠르다
- クスリ屋 [くすりや] 약국
- いっしょに [一緒に] 함께
- 買う [かう] 사다

약국 안

점원　어서 오십시오. 어디가 아프십니까?
동수　열이 나고, 몸도 나른합니다.
점원　언제부터입니까?
동수　어제 저녁부터입니다.
점원　이 약이 좋겠군요. 식후에 드십시오.
　　　1,300엔입니다.
동수　알겠습니다.
점원　조심하십시오.

- 具合 [ぐあい] 상태, 컨디션
- 熱 [ねつ] 열
- 体 [からだ] 몸, 신체
- だるい [怠い] 나른하다
- ゆうべ [昨夜] 어제 저녁
- 食後 [しょくご] 식후
- だいじだ [大事だ] 소중하다, 귀중하다

ポイント Point

1 東洙君、どうしたの。顔色が あまり よくないわね。

①**どうした**는 우리말의 **왜 그래? 무슨 일이야?**의 뜻으로 상대방이 아파 보일 때나 무슨 일이 있는 것 같을 때 어떠한 상황인지를 물어보는 표현이다.
정중한 표현은 **どうしたんですか**인데 **무슨 일입니까? 왜 그렇습니까?** 라는 뜻으로 상대방의 대답을 기다리는 뜻으로 **～ん**이 들어간다.

예 どうしたんですか、田中(たなか)さん。　무슨 일 있으세요, 다나까씨?

②**あまり ～ない**는 **별로 ～않다**라는 뜻으로, 여기서는 **얼굴빛이 별로 좋지 않다, 어딘가 아파 보인다**라는 표현이다. **よく ない**는 형용사 **よい**의 부정어이다.

예 どうしたんですか、田中(たなか)さん。　왜 그러세요? 다나까씨!
…→ ああ、頭(あたま)が いたいんです。　아~, 머리가 아프네요.

2 薬は 飲んだ。

飲(の)んだ는 **飲(の)む**의 과거형으로 자세한 사항은 동사의 과거형 p 198 을 참조하자.
飲(の)む는 원래 **마시다**라는 뜻이지만, **약을 먹다**라고 할 때, **食(た)べる**가 아닌 **飲(の)む**를 사용하는 것에 주의하자.

예 このくすりは かならず 食後(しょくご)に 飲(の)まなければ ならないです。
이 약은 반드시 식후에 먹어야만 합니다.

3 いや、まだ。

まだ는 **아직**이라는 뜻으로 **もう 이미, 벌써**라는 말과 호응해서 자주 쓰이는 표현이다. 또한, 상대방이 칭찬을 했을 때 겸손한 표현으로 이 말을 쓰기도 한다.

まだ 아직 ⟷ **もう** 이미, 벌써

예 もう 食(た)べた。	벌써 먹었어?
⋯▸ いや、まだ。	아니, 아직 안 먹었어.
英語(えいご)、すばらしいですね。	영어, 잘 하시네요.
⋯▸ まだまだです。	아직 멀었습니다.

4 早く 飲んだ ほうが いいわよ。

~した ほうが いい는 **~하는 편이 좋다, 낫다**라는 뜻으로 상대방에게 조언이나 충고를 할때 쓰는 표현이다. 반대말은 **~하지 않는 편이 좋다**는 뜻으로 **~しない ほうが いい**라고 하면 된다. 주의할 것은 충고를 할 때 **~하는**에 해당하는 동사는 대개 과거형을 쓴다.

~した ほうが いい ⟷ **~しない ほうが いい**

~하는 편이 좋다, 낫다 / ~하지 않는 편이 좋다, 낫다

예 少(すこ)し 休(やす)んだ ほうが いいですよ。	잠시 쉬는 편이 좋겠어요.
病院(びょういん)へ 行(い)った ほうが いい。	병원에 가는 것이 좋겠다.
お酒(さけ)は あまり 飲(の)まない ほうが いいです。	술은 별로 마시지 않는 편이 좋습니다.
遅刻(ちこく)は しない ほうが いいです。	지각은 하지 않는 편이 좋답니다.

5 私と いっしょに 買いに 行こう。

조사 に는 여러 가지 의미가 있는데, **~に 行(い)く**는 **~하러 가다**라는 뜻으로 이때의 **~に**는 **~하러**의 의미가 된다. 동사의 **ます형** + **に**가 되거나 명사에 **に**가 바로 붙으며, 뒤에는 주로 **行(い)く 가다**, **来(く)る 오다**, **帰(かえ)る 돌아오다** 등의 방향을 나타내는 이동동사가 온다.

~に + 行(い)く **~하러 가다**

예 旅行(りょこう)しに 行(い)きます。 여행 갑니다.

スキーに 行(い)く。 스키 타러 가다.

本(ほん)を 買(か)いに 来(き)ました。 책을 사러 왔습니다.

6 ゆうべからです。

昨夜(ゆうべ)는 **어제 밤, 어제 저녁**이라는 뜻이다. 발음이 같은 **夕(ゆう)べ 저녁때**와 구분해서 알아두자.

아침	오늘 아침	점심	저녁	오늘 밤	어제 밤
朝 あさ	今朝 けさ	昼 ひる	夜 よる	今晩 こんばん	昨夜 ゆうべ

단, 이 때에는 시간을 나타내는 조사 **~に ~에**를 붙이지 않는다.

예 私(わたし)は 毎朝(まいあさ)、パンを 食(た)べます。 나는 매일 아침에 빵을 먹습니다.

시간조사 に는 사용하지 않음

■ 조사 に의 여러 가지 의미

~을 타다

~을 타다에서 **~을**에 해당하는 조사는 ~**を**가 아니라 ~**に**이다. 단, **~을 내리다**는 그대로 ~**を**를 쓴다.

예 電車(でんしゃ)に 乗(の)ります。　　전차를 탑니다.

電車(でんしゃ)を 降(お)ります。　　전차를에서 내립니다.

때나 시간

예 毎日(まいにち)、11時(じゅういちじ)に 寝(ね)ます。　　매일 11시에 잡니다.

~에 장소

예 りんごが テーブルの 上(うえ)に ある。　사과가 책상 위에 있다.

~에게 목표가 되는 사람

예 妹(いもうと)に 本(ほん)を あげる。　　여동생에게 책을 주다.

~를 만나다

예 友達(ともだち)に 会(あ)う。　　친구를 만나다.

동사의 과거형

동사의 과거형에 대해 알아보자.

과거형도 규칙이 있으므로, 규칙대로 바꾸면 되는데, **て형**을 만드는 것과 비슷하다. 이미 앞에 서 ~て에 대해 공부했으므로 쉽게 할 수 있다.

예를 들어 **마시다**는 **飲(の)む**이다. 그리고 이것을 **て형**으로 바꾸면 **飲(の)んで**가 된다. **음편 현상** p 134 〈동사의 て형〉 참조 마지막으로 で를 だ로 바꾸어 주면 **마셨다**는 과거가 된다. **だ가 과거를 나타내는 조동사**이기 때문이다.

飲(の)む	마시다	···›	飲(の)んで	마시고/마셔	···›	**飲(の)んだ**	마셨다
買(か)う	사다	···›	買(か)って	사서/사	···›	**買(か)った**	샀다

정리해 보면, 과거형 또한 동사의 그룹에 따라 다르게 활용한다.

과거형 만들기

1그룹 동사

- **-く, -ぐ ···› -いた(だ)**
- **-む, -ぬ, -ぶ ···› -んだ**
- **-う, -つ, -る ···› -った**

2그룹 동사 **-る ···› -た** -る를 떼고 -た를 붙인다.

3그룹 동사 **きた, した** ます형 + た 예외 2개뿐이 없다.

	동사원형	과거형		활용의 규칙
1그룹 동사	聞(き)く	きいた	들었다	활용규칙 -く, -ぐ ···▸ -いた(だ) -む, -ぬ, -ぶ ···▸ -んだ -う, -つ, -る ···▸ -った
	泳(およ)ぐ	およいだ	수영했다	
	飲(の)む	のんだ	마셨다	
	学(まな)ぶ	まなんだ	배웠다	
	死(し)ぬ	しんだ	죽었다	끝이 끝나는 것에 따라 위와 같이 바뀐다. 단, **行く**는 1그룹동사 중 예외로 **-く**로 끝났지만, **-いた**가 아니라 **-いった**로 바뀐다.
	吸(す)う	すった	담배를 피웠다	
	待(ま)つ	まった	기다렸다	
	ある	あった	있었다	
	* 話(はな)す	はなした	이야기했다	
	* 行(い)く	いった	갔다	
2그룹 동사	見(み)る	みた	보았다	활용규칙 -る ···▸ -た る를 떼고 た를 붙인다
	食(た)べる	たべた	먹었다	
	起(お)きる	おきた	일어났다	
3그룹 동사	する	した	했다	활용규칙 **ます형 + た** 예외 2개뿐이 없다.
	来(く)る	きた	왔다	

예 順子(じゅんこ)は 京都(きょうと)へ 行(い)った。 준코는 교토에 갔다.

6時(ろくじ)に 起(お)きた。 6시에 일어났다.

友達(ともだち)が アメリカから 来(き)た。 친구가 미국에서 왔다.

일본 속의 외래어

- **パン** 빵 포르투갈어
- **キムチ** 김치
- **ホッチキス**[Hotchkiss] 호치키스 상표명
- **タバコ**[tabaco] 담배 포르투갈어

Track 19

1

今晩(こんばん)	電話(でんわ)します。
毎朝(まいあさ)	
朝(あさ) 7時(しちじ)に	

[오늘밤에 / 매일 아침에 / 아침 7시에] 전화 하겠습니다.

2

早(はや)く 飲(の)んだ	ほうが いいよ。
たくさん 食(た)べた	
たくさん 食(た)べない	
タバコは 吸(す)わない	

[빨리 약을 먹는 / 많이 먹는 / 많이 먹지 않는 / 담배는 피지 않는] 편이 좋다.

3

いっしょに 買(か)い	に 行(い)きます。
散歩(さんぽ)し	
先生(せんせい)に 会(あ)い	

[함께 사 / 산보하 / 선생님을 만나] 러 갑니다.

今の日本

병원

- どうしましたか。

  어디가 아프십니까?

  ➡ 많이 피곤합니다.

- 감기 약 있습니까?

  ➡ この 薬(くすり)を 飲(の)んで ください。

  이 약을 드십시오.

- 服(ふく)を 脱(ぬ)いで ください。

  옷을 벗어 주십시오.

  ➡ 네.

- 横(よこ)に なって ください。

  옷을 벗어 주십시오.

- 1日3回(いちにちさんかい) 飲(の)んで ください。

  1일 3회 드십시오.

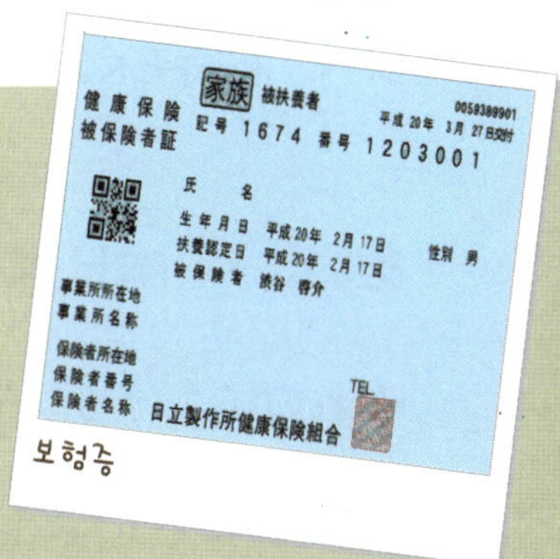
家族 被扶養者
健康保険 被保険者証
記号 1674 番号 1203001
0058389901
平成 20年 3月 27日交付
氏名
生年月日 平成20年 2月 17日
扶養認定日 平成20年 2月 17日
性別 男
被保険者 渋谷 啓介
事業所所在地
事業所名称
保険者所在地
保険者番号
保険者名称 日立製作所健康保険組合
TEL.

보험증

- □ 薬 [くすり] 약
- □ 飲む [のむ] 마시다, (약을) 먹다
- □ 服 [ふく] 옷
- □ 脱ぐ [ぬぐ] 벗다
- □ 横 [よこ] 가로, 옆
  - ・よこに なる 눕다
- □ 1日3回 [いちにちさんかい] 1일 3회

19과 ホテル 호텔

フロント

フロント　東洙

いらっしゃいませ。

今、チェックイン したいんですが。

ご予約は。

はい、電話で 予約しました。

恐れ入りますが、こちらに お名前と ご住所を
書いて ください。

はい。

ここに サインも お願いいたします。

すみませんが、予約した ツインを ダブルに 替えられますか。

少々 お待ちくださいませ。

あいにく 本日は 満室で ございます。

それなら けっこうです。

申し訳ございません。
それでは、お部屋に ご案内いたします。

동사의 활용형들이 나온다. 이것들은 단순히 보기만 하면 이해가 되는 것 같지만, 입에서 자유자재로 나올 수 있도록, 테이프를 들으면서 보고 쓰면서 입으로 연습하자. 그것이 일본어 학습의 왕도이다.

Track 20

프론트

프론트　어서 오십시오.
동수　지금, 체크인하고 싶은데요.
프론트　예약하셨습니까?
동수　네, 전화로 예약했습니다.

- □ チェック イン [check in]　체크인
- □ 予約 [よやく]　예약
- □ 電話 [でんわ]　전화

프론트　죄송합니다만, 이쪽에 성함과 주소를 써 주십시오.
동수　네.
프론트　여기에 싸인도 해 주십시오.
동수　죄송합니다만, 예약했던 트윈을 더블로 바꿀 수 있습니까?
프론트　잠시만 기다려 주십시오…….

- □ 恐れ入る [おそれいる]　황송하다, 죄송하다
- □ 名前 [なまえ]　이름
- □ 住所 [じゅうしょ]　주소
- □ サイン [sign]　싸인
- □ ツイン [twin]　트윈
- □ ダブル [double]　더블
- □ 替える [かえる]　바꾸다
- □ 待つ [まつ]　기다리다

프론트　마침 오늘은 만실입니다.
동수　그렇다면, 괜찮습니다.
프론트　정말 죄송합니다.
　　　그럼, 방으로 안내하겠습니다.

- □ あいにく　공교롭게도, 마침
- □ 本日 [ほんじつ]　오늘
- □ 満室 [まんしつ]　만실
- □ けっこうだ [結構だ]　괜찮다
- □ 申し訳 [もうしわけ]　변명, 여지
- □ 部屋 [へや]　방
- □ 案内 [あんない]　안내

ポイント Point

1 電話で 予約しました。

~で는 **~로**의 뜻으로, 여기서는 **방법, 수단**을 의미한다.

예 タクシーで 来(き)ました。　택시로 왔습니다.

する 하다 의 과거형은 **した 했다**이다. 정중한 표현은 **します 하겠습니다**이며, 과거형은 **しました 했습니다**이다.

현재형		과거형	
する	하다	した	했다
します	합니다	しました	했습니다

예 携帯電話(けいたいでんわ)で 話(はな)しました。　핸드폰으로 이야기했습니다.

2 恐れ入りますが。

恐(おそ)れ入(い)る는 **황송하다, 죄송하다, 송구스럽다**라는 뜻으로, **入(い)る**가 **ます형**으로 바뀌어서 **入(い)ります**가 된 것이다.

상대방에게 죄송하거나 미안할 때 사용하며, 일본인들이 자주 사용하는 말이다.

예 恐(おそ)れ入(い)りますが、今日(きょう)の 営業時間(えいぎょうじかん)は 終(お)わりました。

죄송합니다만, 오늘의 영업시간은 끝났습니다.

3 あいにく 本日は 満室で ございます。

あいにく는 **공교롭게도, 마침, 모처럼**의 뜻으로 형편이 별로 좋지 않은 모양이나 상태를 의미한다.

예 せっかく 来(き)たのに、あいにく 誰(だれ)も いなかった。

모처럼 왔는데, 공교롭게 아무도 없었다.

本日(ほんじつ) 오늘은 **今日(きょう)**의 공손한 표현이다.

~です 의 공손한 표현 ⇨ ~で ございます

~で ござる ~입니다 의 **ます형**인 **~で ございます**는 **~です**의 더욱 공손한 표현으로 백화점이나 호텔 등에서 손님에게 사용하는 표현이다.

4 サインも お願いいたします。

お + 願(ねが)い + いたします

いたす는 **하다**라는 뜻으로, **する의 겸양어**이다. 앞에서도 나왔듯이 자신을 낮추어서 결과적으로 상대방을 높이게 되는 일본어의 특징이 살아있는 표현이다.

보통어		겸양어	
する	하다	いたす	하다
食(た)べる·飲(の)む	먹다 · 마시다	いただく	먹다, 마시다
言(い)う	말하다	申(もう)す	말하다

동사의 가능형

동사의 가능형은 **~을 할 수 있다, ~이 가능하다**는 의미로 **어떤 일이 가능하거나 할 수 있다는 의미를 나타낼 때**쓰인다. 이렇게 가능의 의미를 나타내는 방법은 여러 가지가 있다.

① 여기에서처럼 동사 자체가 변화하는 방법으로 그룹에 따라 다르게 변화한다.

1그룹 동사	-く, -ぐ	···›	-ける, -げる
	-む, -ぬ, -ぶ	···›	-める, -ねる, -べる
	-う, -つ, -る, -す	···›	-える, -てる, -れる, -せる
2그룹 동사	-る ···› -られる		-る를 떼고 -られる를 붙인다.
3그룹 동사	できる, こられる		예외 2개뿐이 없다.

	동사원형	가능형		활용의 규칙
1그룹 동사	書(か)く	かける	쓸 수 있다	-く, -ぐ ···› -ける, -げる -む, -ぬ, -ぶ ···› -める, -ねる, -べる -う, -つ, -る, -す ···› -える, -てる, -れる, -せる -u음으로 끝나는 단어들을 -e음으로 바꾸고 -ru를 붙인다. 따라서 가능동사들은 모두 2그룹 동사로 변하게 된다.
	聞(き)く	きける	들을 수 있다	
	飲(の)む	のめる	마실 수 있다	
	学(まな)ぶ	まなべる	배울 수 있다	
	吸(す)う	すえる	피울 수 있다	
	待(ま)つ	まてる	기다릴 수 있다	
	泳(およ)ぐ	およげる	수영할 수 있다	
	話(はな)す	はなせる	말할 수 있다	
	行(い)く	いける	갈 수 있다	
2그룹 동사	見(み)る	みられる	볼 수 있다	-る ···› -られる -る를 떼고 -られる를 붙인다
	食(た)べる	たべられる	먹을 수 있다	
	起(お)きる	おきられる	일어날 수 있다	
3그룹 동사	する	できる	할 수 있다	예외 동사로 2개뿐이 없다. 규칙이 없으므로 그냥 외우자.
	来(く)る	こられる	올 수 있다	

예 順子(じゅんこ)は 京都(きょうと)へ 行(い)ける。　준코는 교토에 갈 수 있다.

6時(ろくじ)には 起(お)きられます。　6시에는 일어날 수 있습니다.

私(わたし)は 牛肉(ぎゅうにく)が 食(た)べられない。　나는 소고기를 먹을 수 없다.

② **명사 + が できる**의 표현으로 **~을 할 수 있다**의 뜻이다. 이 때, **~을**에 해당하는 조사는 ~を가 아니라 ~が를 씀에 주의를 해야 한다. 부정할 때는 ~が できません이라고 하면 된다. 이것은 **~을 할 수 없습니다**의 뜻으로 **불가능**이나 **금지**를 나타낸다.

예 あなたは 日本語(にほんご)が できますか。　당신은 일본어를 할 수 있습니까?

…› はい、できます。　네, 할 수 있습니다.

運転(うんてん)が できる。(↗)　운전을 할 수 있니?

…› いえ、できない。　아니, 할 수 없어.

③ **동사 + ことが できる**의 표현으로 **~하는 것을 할 수 있다**의 뜻으로, **능력**이나 **가능성** 등을 표현한다.

예 私(わたし)は 日本語(にほんご)を 読(よ)む ことが できます。　나는 일본어를 읽을 수 있습니다.

運転(うんてん)する ことが できる。　운전할 수 있다.

泳(およ)ぐ ことが できません。　수영을 할 수 없습니다.

위의 세 가지 표현들은 거의 같은 뜻이므로, 무엇을 써야하나 고민하지 말고 자신이 사용하고 싶은 표현을 쓰면 된다.

악기

- ピアノ[piano] 피아노
- ギター[guitar] 기타
- バイオリン[violin] 바이올린
- ドラム[drum] 드럼
- 笛[ふえ] 피리
- チェロ[cello] 첼로

Track 20

1 恐(おそ)れ入(い)りますが、 [今(いま)は 行(い)けません / それは ちょっと / 今日(きょう)は 満室(まんしつ)です] 。

죄송합니다만, [지금은 갈 수 없습니다 / 그것은 좀…할 수 없습니다 / 오늘은 만실입니다.]

2 [ピアノ / ギター / チェロ] が 弾(ひ)けますか。

[피아노 / 기타 / 첼로] 를 칠 수 있습니까?

3 [ダブルに 替(か)える / ドルに 換(か)える / ピアノを 弾(ひ)く] ことが できますか。

[더블로 바꿀 / 달러로 교환할 / 피아노를 칠] 수 있습니까?

今の日本

숙박시설

Track 20

- チェックイン できますか。
  체크인 할 수 있습니까? ➡ 네, 가능합니다.

- チェックアウト したいんですが。
  체크아웃하고 싶습니다만. ➡ 네, 알겠습니다.

- 예약하셨습니까?
  ➡ はい、ツインを 予約(よやく)して ありますが。
  네, 트윈을 예약했습니다만.

- モーニング・コールを お願(ねが)いします。
  모닝콜을 부탁합니다.
  ➡ 네, 알겠습니다.

- 食堂(しょくどう)は 何時(なんじ) に 開(あ)きますか。
  식당은 몇 시에 엽니까?
  ➡ 매일 아침 6시에 엽니다.

캡슐호텔

☐ チェック イン [check in]	체크인
☐ できる ・ピアノが できますか 피아노를 칠 수 있습니까?	할 수 있다
☐ チェック アウト [check out]	체크아웃
☐ ツイン [twin]	트윈
☐ 予約する [よやくする]	예약하다
☐ モーニング・コール [morning call]	모닝콜
☐ 食堂 [しょくどう]	식당
☐ 何時 [なんじ]	몇 시
☐ 開く [あく]	열리다

동사활용표

1그룹 동사

동사활용표		会(あ)う 만나다	書(か)く 쓰다	泳(およ)ぐ 헤엄치다	死(し)ぬ 죽다
미연형	ない형	あわない	かかない	およがない	しなない
	사역형	あわせる	かかせる	およがせる	しなせる
	수동형	あわれる	かかれる	およがれる	しなれる
	추측형	あおう	かこう	およごう	しのう
	권유형	あおう	かこう	およごう	しのう
	의지형	あおう	かこう	およごう	しのう
연용형	ます형	あいます	かきます	およぎます	しにます
	중지형	あって	かいて	およいで	しんで
	과거형	あった	かいた	およいだ	しんだ
종지형		あう	かく	およぐ	しぬ
연체형		あう	かく	およぐ	しぬ
가정형		あえば あったら	かけば かいたら	およげば およいだら	しねば しんだら
명령형		あえ	かけ	およげ	しね
가능형		あえる	かける	およげる	しねる

* 동사의 추측형은 문어체로 현재는 거의 사용하지 않는다.

동사활용표		2그룹 동사		3그룹 동사	
		起きる 일어나다	食べる 먹다	する 하다	来る 오다
미연형	ない형	おきない	たべない	しない	こない
	사역형	おきさせる	たべさせる	させる	こさせる
	수동형	おきられる	たべられる	される	こられる
	추측형	おきよう	たべよう	しよう	こよう
	권유형	おきよう	たべよう	しよう	こよう
	의지형	おきよう	たべよう	しよう	こよう
연용형	ます형	おきます	たべます	します	きます
	중지형	おきて	たべて	して	きて
	과거형	おきた	たべた	した	きた
종지형		おきる	たべる	する	くる
연체형		おきる	たべる	する	くる
가정형		おきれば おきたら	たべれば たべたら	すれば したら	くれば きたら
명령형		おきろ おきよ	たべろ たべよ	しろ せよ	こい
가능형		おきられる	たべられる	できる	こられる

い형용사 · な형용사 활용표 

い형용사 활용표		어간	어미 い	접속어
미연형	추측형	어간	かろ	う
연용형	부정형(ない형)	어간	く	ない
	과거형	어간	かっ	た
	부사형	어간	く	용언 なる·する
	중지형	어간	く	
종지형		어간	い	문장을 끝맺음
연체형		어간	い	체언
가정형		어간	けれ	ば
명령형			X	

な형용사 활용표		어간	어미 だ	접속어
미연형	추측형	어간	だろ	う
연용형	부정형(ない형)	어간	では	ない
	과거형	어간	だっ	た
	부사형	어간	に	용언 なる·する
	중지형	어간	で	
종지형		어간	だ	문장을 끝맺음
연체형		어간	な	체언
가정형		어간	なら	
명령형			X	

경어의 종류

보통어		존경어		겸양어	
いる	있다	いらっしゃる おいでに なる	계시다	おる	있다
行(い)く	가다		가시다	まいる	가다
来(く)る	오다		오시다	あがる	오다
する	하다	なさる	하시다	いたす	하다
言(い)う	말하다	おっしゃる	말씀하시다	申(もう)す 申(もう)し上(あ)げる	말하다
食(た)べる	먹다	めしあがる	잡수시다	いただく	먹다
飲(の)む	마시다		드시다		마시다
もらう	받다	おもらいに なる	받으시다		받다
見(み)る	보다	ご覧(らん)に なる	보시다	拝見(はいけん)する	보다
聞(き)く	묻다	お聞(き)きに なる	물으시다	うかがう	여쭙다
聞(き)く	듣다	お聞(き)きに なる	들으시다	うけたまわる	듣다
知(し)る	알다	ご存(ぞん)じだ	아시다	存(ぞん)じる	알다
貸(か)す	빌려주다	お貸(か)しに なる	빌려주시다	お貸(か)しする	빌려주다
借(か)りる	빌다	お借(か)りに なる	빌려받으시다	拝借(はいしゃく)する	빌다
会(あ)う	만나다	お会(あ)いに なる	만나시다	お目(め)に かかる	만나뵙다
見(み)せる	보여주다	お見(み)せに なる	보여주시다	お目(め)に かける	보여드리다
やる	주다			さしあげる	드리다
くれる	주다	くださる	주시다		

중요 외래어

★는 중요 어휘임

★アジア	ASIA	아시아
アメリカ	AMERICA	미국
アルバイト	ARBEIT 독일어	아르바이트
★エレベーター	ELEVATOR	엘리베이터
カーテン	CURTAIN	커튼
★カメラ	CAMERA	카메라
★カレンダー	CALENDAR	달력
★クラス	CLASS	클래스, 등급
グループ	GROUP	그룹
ケーキ	CAKE	케익
★コーヒー	COFFEE	커피
★コップ	CUP	컵
コピー	COPY	복사
★コンピューター	COMPUTER	컴퓨터
サービス	SERVICE	서비스
★シャツ	SHIRT	셔츠
スーパー	SUPERMARKET	슈퍼마켓
ズボン	JUPON 프랑스	바지
★スプーン	SPOON	숟가락
★スポーツ	SPORTS	스포츠
★スリッパ	SLIPPERS	슬리퍼
★セーター	SWEATER	스웨터
★ゼロ	ZERO	0, 제로
ソウル	SEOUL	서울
タワー	TOWER	타워
チーム	TEAM	팀

★テーブル	TABLE	테이블
テープ	TAPE	테이프
ナイフ	KNIFE	칼
ニュース	NEWS	뉴스
★ネクタイ	NECKTIE	넥타이
★ハンカチ	HANDKERCHIEF	손수건
★パーティー	PARTY	파티
ハンドバッグ	HANDBAG	핸드백
ビル(ディング)	BUILDING	건물, 빌딩
★ ビール	BEER	맥주
フィルム	FILM	필름
★ フォーク	FORK	포크
プレゼント	PRESENT	선물

プール	POOL	풀, 수영장
★ベッド	BED	침대
ページ	PAGE	페이지
ベル	BELL	벨
ボールペン	BALLPEN	볼펜
★ボタン	BUTTON	버튼
★ポケット	POCKET	포켓, 주머니
★ラジオ	RADIO	라디오
★レストラン	RESTAURANT	레스토랑
ヨーロッパ	EUROPE	유럽
ワープロ	WORD PROCESSOR	워드프로세서

너무 많지 않은 꼭 필요한 분량의 쓰기연습

너무 많지도 적지도 않게 쓰며 외우기 적당한 분량만을 제시하여 지겹지 않게 확실히 외우고 연습할 수 있도록 하였다.

오십음도 五十音図

ひらがな

	あ단	い단	う단	え단	お단
あ행	あ 아 a	い 이 i	う 우 u	え 에 e	お 오 o
か행	か 카 ka	き 키 ki	く 쿠 ku	け 케 ke	こ 코 ko
さ행	さ 사 sa	し 시 shi	す 스 su	せ 세 se	そ 소 so
た행	た 타 ta	ち 치 chi	つ 츠 tsu	て 테 te	と 토 to
な행	な 나 na	に 니 ni	ぬ 누 nu	ね 네 ne	の 노 no
は행	は 하 ha	ひ 히 hi	ふ 후 fu	へ 헤 he	ほ 호 ho
ま행	ま 마 ma	み 미 mi	む 무 mu	め 메 me	も 모 mo
や행	や 야 ya	い	ゆ 유 yu	え	よ 요 yo
ら행	ら 라 ra	り 리 ri	る 루 ru	れ 레 re	ろ 로 ro
わ행	わ 와 wa	い	う	え	を 오 o
					ん 응 n·m·ŋ·N

カタカナ

	ア단	イ단	ウ단	エ단	オ단
ア행	ア 아 a	イ 이 i	ウ 우 u	エ 에 e	オ 오 o
カ행	カ 카 ka	キ 키 ki	ク 쿠 ku	ケ 케 ke	コ 코 ko
サ행	サ 사 sa	シ 시 shi	ス 스 su	セ 세 se	ソ 소 so
タ행	タ 타 ta	チ 치 chi	ツ 츠 tsu	テ 테 te	ト 토 to
ナ행	ナ 나 na	ニ 니 ni	ヌ 누 nu	ネ 네 ne	ノ 노 no
ハ행	ハ 하 ha	ヒ 히 hi	フ 후 fu	ヘ 헤 he	ホ 호 ho
マ행	マ 마 ma	ミ 미 mi	ム 무 mu	メ 메 me	モ 모 mo
ヤ행	ヤ 야 ya	イ	ユ 유 yu	エ	ヨ 요 yo
ラ행	ラ 라 ra	リ 리 ri	ル 루 ru	レ 레 re	ロ 로 ro
ワ행	ワ 와 wa	イ	ウ	エ	ヲ 오 o
					ン 응 n·m·ŋ·N

*위의 영어발음 표기는 헤본식 ヘボン式 표기로 여권 등에 사용하는 공식표기법이다.

ひらがな 1.청음

청음이란, 일본어의 오십음도에 나와 있는 음들을 말한다. 성대에 손을 대고 발음을 해보면 거의 떨림이 없이 일정하다는 것을 알 수 있다.

あ행

あ a	あ 安 1획과 2획이 직선이 되지 않도록 둥글둥글하게 쓴다.	あめ 사탕
い i	い 以 り가 되지 않도록 왼쪽 획은 길고 오른쪽 획은 짧게 쓴다.	いちご 딸기
う u	う 宇 1획을 작게 하고 2획이 ㄱ과 같이 꺾이지 않도록 쓴다.	うどん 우동
え e	え 衣 △형의 모양으로 1획의 점은 중앙의 위에 작게 찍는다.	えき 역
お o	お 於 1획은 짧게 긋고 2획은 수직선을 길게 내려 그은 다음 삐쳐 올린다.	おでん 오뎅

か행

か ka	か 加 1획의 처음 부분을 힘있게 시작하여 직각이 되지 않도록 둥글게 쓴다.	かさ 우산
き ki	き 幾 1획은 2획보다 짧게 쓰고 3획의 끝부분이 멈춰지도록 한다.	きもの 기모노
く ku	く 久 가운데 부분에서 힘을 약간 뺀다음 꺾이지 않게 쓴다.	くすり 약

け ke	け 計 □형의 모양으로 1획은 끝부분을 삐쳐 올리며 3획은 약간 길게 뺀다.	けいさつ 경찰
こ ko	こ 己 1획은 2획보다 짧다. 2획의 끝부분은 눌러서 멈춘다.	こたつ 고다츠
さ행 さ sa	さ 左 한 획으로 연결된 것 같이 쓴다.	さしみ 사시미 회
し shi	し 之 한 번에 선을 긋는다. 아래 부분이 꺾이지 않도록 한다.	しお 소금
す su	す 寸 1획을 길게 하고 2획은 내려 긋다가 한 바퀴 돌려 뺀다.	すし 스시 초밥
せ se	せ 世 1획을 약간 올려 길게 긋고 3획은 둥글게 쓰다가 멈춘다.	せいと 학생
そ so	そ 曾 마름모꼴이 되도록 2획을 길게 쓰되 단숨에 쓴다.	そば 메밀국수
た행 た ta	た 太 1획을 짧게 살짝 올리고, 2획은 비스듬히 길게 쓴다.	たこやき 다꼬야끼
ち chi	ち 知 さ와 혼동하지 않도록 2획을 시계방향으로 돌려 뺀다.	ちず 지도

つ tsu	つ 川 힘있게 펜을 대고 단숨에 시계방향으로 돌려 뺀다.	つき 달
て te	て 天 ▽형 모양의 글자로 약간 올려 쓰다가 반대쪽 방향으로 꺾어 긋는다.	てがみ 편지
と to	と 止 1획은 약간 비스듬히 내려 긋고 2획은 균형이 잡히게 둥글게 받혀준다.	とうふ 두부

な행

な na	な 奈 3획과 4획은 한 획처럼 둥글게 돌려 내려 쓰고 끝을 멈춘다.	なまビール 생맥주
に ni	に 仁 □형 글자로 1획은 끝을 삐쳐 올리고, 2획과 3획의 간격이 좁지 않게 한다.	にじ 무지개
ぬ nu	ぬ 奴 1획은 비스듬히 쓰고 2획은 단숨에 두바퀴를 돌려 쓴다.	ぬいぐるみ 봉제인형
ね ne	ね 禰 1획은 수직으로 내려 긋고 2획은 단숨에 시계방향 으로 그어 멈춘다.	ねぎ 파
の no	の 乃 1획으로 대각선을 긋고 단숨에 시계방향으로 돌려 뺀다.	のりまき 김밥

は행

は ha	は 波 1획은 내려긋다가 삐쳐 올리고, 2획과 3획은 1획의 위아래 범위에 맞추어 쓴다.	はし 젓가락

ひ hi	ひ 比 시계 반대방향으로 꺾어 둥글게 하고 끝부분은 밑으로 꺾어 내려 멈춘다.	ひこうき 비행기
ふ fu	ふ 不 △형 글자로 1회의 점을 힘주어 찍고 2회은 부드럽게 곡선을 그린다.	ふとん 이불
へ he	へ 部 누운 직사각형의 모양으로 1회으로 쓴다.	へや 방
ほ ho	ほ 保 □형 글자로 1회은 아래로 그어 삐쳐 올린다.	ほし 별

ま행

ま ma	ま 末 직사각형 글자로 1회은 2회보다 길게 쓴다.	まくら 베개
み mi	み 美 △형 글자로 1획 부분은 짧게 한다. 2회은 너무 길지 않게 쓴다.	みかん 귤
む mu	む 武 □형 글자로 2회은 단숨에 돌려야하고 3회은 약간 높은 위치에 찍는다.	むすこ 아들
め me	め 女 1회은 비스듬히 짧게 내리고 2회은 시계방향으로 단숨에 돌려 쓴다.	めがね 안경
も mo	も 毛 1회은 붓을 눌러 단숨에 긋고, 2·3회은 비스듬히 짧게 쓴다.	もも 복숭아

や행

や ya	也 1, 2, 3획을 이어 쓰듯이 연결하여 쓴다.	やま 산
ゆ yu	由 1획은 단숨에 돌려 가운데로 길게 뺀다.	ゆかた 유카타 일본 전통 의상
よ yo	与 1획은 수평으로 짧게 긋고 2획은 수직으로 내려 긋다 둥글게 한 다음 멈춘다.	よる 밤

ら행

ら ra	良 う가 되지 않도록 유의한다.	らーめん 라면
り ri	利 2획보다 1획의 길이를 짧게 수직으로 내린다. い가 되지 않도록 한다.	りんご 사과
る ru	留 1획을 짧게 긋고 꺾어 내리다가 시계방향으로 돌린다.	るす 부재중
れ re	礼 ね, わ와 혼동하지 않도록 한다.	れいぞうこ 냉장고
ろ ro	呂 る와 비슷하게 쓰다가 끝부분을 뺀다. 3자처럼 되지 않도록 한다.	ろうそく 촛불

わ행·ん

わ wa	和 1획을 내려긋고 시계방향으로 돌려 뺀다. ね, れ의 구별에 유의한다.	わりばし 나무젓가락

を	を	そらを みる
o	遠 1획을 짧게 긋고 2획은 영어의 h자처럼 쓴 다음, 3획으로 균형을 잡는다.	하늘을 보다

ん	ん	かばん
n·m·ŋ·N	无 △형모양의 글자로 영어의 필기체 *h*자처럼 쓰되 밖으로 넉넉하게 뺀다.	가방

ひらがな 2.탁음

탁음이란, か・さ・た・は행의 오른쪽 윗부분에 탁점 [ﾞ]을 찍어 흐린 소리가 나오는 것을 말한다.

が행

が	が	がっこう
ga	か의 오른쪽 어깨에 탁점(ﾞ)을 찍는다.	학교

ぎ	ぎ	ぐ	ぐ
gi	ぎんこう 은행	gu	ぐあい [具合] 상태

げ	げ	ご	ご
ge	げた 게따 	go	ごみばこ 쓰레기통

ざ행

ざ	ざ	ざるそば
za	さ 의 오른쪽 어깨에 탁점(ﾞ)을 찍는다.	자루소바

じ	じ	ず	ず
ji	じかん 시간	zu	すずめ [雀] 참새

ぜ	げ	ぞ	ぞ
ze	ぜひ 꼭	zo	ぞう [象] 코끼리

だ행

だ da	だ た의 오른쪽 어깨에 탁점(ヽ)을 찍는다.	だいこん 무

ぢ ji	ぢ ちぢむ 줄어들다	づ zu	づ つづく 계속되다
で de	で でぐち 출구	ど do	ど どうぶつ 동물

ば행

ば ba	ば は 의 오른쪽 어깨에 탁점(ヽ)을 찍는다	ばか 바보, 멍청이

び bi	び はなび 불꽃놀이	ぶ bu	ぶ ぶらんこ 그네
べ be	べ べんとう 도시락	ぼ bo	ぼ ぼく 나

ひらがな 3.반탁음

반탁음이란, は행의 오른쪽 윗부분에 반탁점 [°]을 찍어 나타내며 된소리로 발음한다.

ぱ행

ぱ pa	ぱ は의 오른쪽 어깨에 반탁점(°)을 찍는다. 너무 멀리 찍지 않는다.	ぱたぱた 탁탁

ぴ pi	ぴ ぴかぴか 번쩍번쩍	ぷ pu	ぷ ぷかぷか 빼끔빼끔

ぺ	ぺ
pe	ぺこぺこ 굽실굽실

ぽ	ぽ
po	ぽかぽか 포근포근

ひらがな 4. 요음

요음이란, い단의 자음 즉, き·ぎ·し·じ·ち·に·ひ·び·ぴ·み·り에 작은 ゃ·ゅ·ょ를 오른쪽 밑에 붙여서 짧게 한음절로 발음한다.

きゃ	きゃ
kya 캬	きゃく[客] 손님

ぎゃ	ぎゃ
gya 갸	ぎゃく 반대

きゅ	きゅ
kyu 큐	きゅうか[休暇] 휴가

ぎゅ	ぎゅ
gyu 규	ぎゅうにゅう[牛乳] 우유

きょ	きょ
kyo 쿄	きょねん[去年] 작년

ぎょ	ぎょ
gyo 교	ぎょうれつ 행렬 : 열을 지어서 걸음

しゃ	しゃ
sha 샤	しゃしん[写真] 사진

じゃ	じゃ
ja 쟈	じゃがいも 감자

しゅ	しゅ
shu 슈	しゅみ[趣味] 취미

じゅ	じゅ
ju 쥬	じゅうしょ[住所] 주소

しょ	しょ
sho 쇼	しょくじ[食事] 식사

じょ	じょ
jo 죠	じょせい[女性] 여성

ちゃ	ちゃ
cha 챠	ちゃ[お茶] 차

ぢゃ	ぢゃ
ja 쟈	

ちゅ	chu 츄	ちゅうもん [注文] 주문	ぢゅ	ju 쥬	
ちょ	cho 쵸	ちょうかん [朝刊] 조간	ぢょ	jo 죠	
にゃ	nya 냐	こんにゃく 곤약	ひゃ	hya 햐	ひゃく [百] 100
にゅ	nyu 뉴	にゅうがく [入学] 입학	ひゅ	hyu 휴	
にょ	nyo 뇨	てんにょ [仙女] 선녀	ひょ	hyu 효	ひょうき [表記] 표기
びゃ	bya 뱌	さんびゃく [三百] 300	ぴゃ	pya 퍄	ろっぴゃく [六百] 600
びゅ	byu 뷰	びゅうびゅう 휙~ 휙~	ぴゅ	pyu 퓨	ぴゅうぴゅう 바람소리가 씽~ 씽~
びょ	byo 뵤	びょういん [病院] 병원	ぴょ	pyo 표	ぴょんぴょん 깡총깡총
みゃ	mya 먀	みゃく [脈] 맥	りゃ	rya 랴	りゃくず [略図] 약도

みゅ myu 뮤	みゅ	りゅ ryu 류	りゅ りゅうこう 유행
みょ myo 묘	みょ みょうじ [名字] 성	りょ ryo 료	りょ りょこう [旅行] 여행

カタカナ 1.청음

청음이란, 일본어의 오십음도에 나와 있는 음들을 말한다. 성대에 손을 대고 발음을 해보면 거의 떨림이 없이 일정하다는 것을 알 수 있다.

ア행

ア a	ア 阿 マ와 혼동하지 않게 한다.

イ i	イ 伊	ウ u	ウ 宇
エ e	エ 江	オ o	オ 於

カ행

カ ka	カ 加 1획과 2획은 쌍을 이루도록 하고 カ자를 쓰듯이 한다.

キ ki	キ 幾	ク ku	ク 久
ケ ke	ケ 介	コ ko	コ 己

サ행

サ sa

サ

散 2획은 똑바로 내려 긋고 3획은 비스듬히 세로로 내려 긋는다.

シ shi

シ

之

ス su

ス

須

セ se

セ

世

ソ so

ソ

曾

タ행

タ ta

タ

多 1획과 2획은 쌍을 이루도록 하고 가운데 점이 중앙에 오도록 한다. ク와 혼동 유의.

チ chi

チ

千

ツ tsu

ツ

川

テ te

テ

天

ト to

ト

止

ナ행

ナ na

ナ

奈 2획은 약간 왼쪽으로 휘도록 내려긋는다.

ニ ni

ニ

二

ヌ nu

ヌ

奴

ネ ne

ネ

祢

ノ no

ノ

乃

ハ행

ハ ha	ハ	八 한자의 八가 되지 않게 한다.
ヒ hi	ヒ	比
フ fu	フ	不
ヘ he	ヘ	部
ホ ho	ホ	保

マ행

マ ma	マ	末
ミ mi	ミ	三
ム mu	ム	牟
メ me	メ	女
モ mo	モ	毛

ヤ행

ヤ ya	ヤ	也
ユ yu	ユ	由
ヨ yo	ヨ	与

ラ행

ラ ra	ラ	良
リ ri	リ	利
ル ru	ル	流
レ re	レ	礼
ロ ro	ロ	呂

ワ행·ン

ワ wa	ワ	和
ヲ o	ヲ	乎
ン n·m·ŋ·N	ン	爾

カタカナ 2.탁음

탁음이란, カ・サ・タ・ハ행의 오른쪽 윗 부분에 탁점 [゛]을 찍어 흐린 소리가 나오는 것을 말한다.

ガ행

ガ ga	ガ	ギ gi	ギ

グ gu	グ	ゲ ge	ゲ	ゴ go	ゴ

ザ행

ザ za	ザ	ジ ji	ジ

ズ zu	ズ	ゼ ze	ゼ	ゾ zo	ゾ

ダ행

ダ da	ダ	ヂ ji	ヂ

ヅ zu	ヅ	デ de	デ	ド do	ド

バ행

バ ba	バ	ビ bi	ビ

ブ bu	ブ	ベ be	ベ	ボ bo	ボ

カタカナ 3.반탁음

반탁음이란, ハ 행의 오른쪽 윗부분에 반탁점 [゜]을 찍는다.

パ행

パ pa	パ	ピ pi	ピ	プ pu	プ	ペ pe	ペ	ポ po

カタカナ 4. 요음

요음이란, イ단의 자음 즉, キ·ギ·シ·ジ·チ·ニ·ヒ·ビ·ピ·ミ·リ에 작은 ャ·ュ·ョ를 오른쪽 밑에 붙여서 짧게 한음절로 발음한다.

キャ kya	ギャ gya	シャ sha	ジャ ja
キュ kyu	ギュ gyu	シュ shu	ジュ ju
キョ kyo	ギョ gyo	ショ sho	ジョ jo
チャ cha	ヂャ ja	ニャ nya	ヒャ hya
チュ chu	ヂュ ju	ニュ nyu	ヒュ hyu
チョ cho	ヂョ jo	ニョ nyo	ヒョ hyo
ビャ bya	ピャ pya	ミャ mya	リャ rya
ビュ byu	ピュ pyu	ミュ myu	リュ ryu
ビョ byo	ピョ pyo	ミョ myo	リョ ryo

저자 약력 김인숙

일본 도야마현 초청연수
덕성여대 일어일문학과 졸업

現 도야마현 富山県 명예대사

저서 제대로 된 일본어 첫걸음
싱싱 일본어 회화 첫걸음
정말 쉬운 일본어 회화.
엔화사냥
여행 일본어 여행자 여러분 실제상황입니다!
왕조짜 여행 일본어 외 다수

열공 혼자서 쉽게 배우는

일본어 첫걸음

저자 김인숙
3판 2쇄 2026년 2월 15일
Editorial Director 김인숙
Printing 삼덕정판사

감수 오오이 히데아키
발행인 김인숙
Cover Designer 김미선

녹음 오오이 히데아키 · 스즈키 미치코
발행처 (주)동인랑

139-240
서울시 노원구 공릉동 653-5
대표전화 02-967-0700
팩시밀리 02-967-1555
출판등록 제 6-0406호
ISBN 978-89-7582-699-3